하나님이 기억하시는

기도의 사람이 되라

• • •

믿음이란 하나님과의 인격적인 관계입니다. 그러므로 기
도는 하나님께 도움을 구하거나 소원을 간구하는 수단이기
이전에 하나님과의 교제요, 사귐입니다. 성도는 끊임없이 기
도의 자리로 나아가 하나님을 만나는 시간을 가져야 합니다.
우리는 하나님과의 이 영적 교제 가운데서 하나님께 간구하
고 응답을 받을 수 있습니다.

성경은 응답받는 기도의 원리를 여러 모델을 통해서 우리
에게 가르쳐 주고 있습니다. 이 모델들은 우리에게 신앙과
기도의 좋은 모범이 되고 있습니다. 그들은 아브라함, 모세,
기드온, 다윗, 솔로몬, 엘리야, 엘리사, 히스기야, 느헤미야,
여호사밧, 예레미야, 에스더, 다니엘, 베드로와 요한, 바울과
실라입니다. 이들 외에도 많은 모델이 있지만 이 책에서는
상기한 모델들의 기도를 묵상합니다. 그리고 기도의 최고의
모델이신 예수님의 기도를 묵상함으로써 기도의 원리를 배

우고자 합니다.

필자는 30년을 목회하면서 쉬지 않고 기도로 하나님과 교제하며 하나님의 거룩한 빛 앞에서 자신을 돌아보며 하나님의 마음과 뜻을 헤아리기를 힘써 왔습니다. 이를 위해 여러 기도의 선각자들이 쓴 책들을 읽고 배우며 성도들과 함께 나누었습니다. 그러던 중 '어떻게 하면 성경이 가르쳐 주는 기도의 원리를 함축적으로 정리할 수 있을까?' 하고 기도하던 중에 성경의 주요 인물들의 기도를 생각하게 되었습니다. 그들의 기도를 차례로 묵상하며 깨달은 기도의 원리들을 교회에서 특별기도회 기간에 성도들과 함께 나누었습니다. 그것을 정리하여 이 책에 담았습니다.

성도의 삶에 있어서 기도는 선택이 아니라 필수입니다. 만일 제 인생과 목회 현장에서 기도가 없었다면, 나의 기도를 들으시고 응답하시는 하나님의 은혜가 없었다면, 아무것도

이룰 수 없었을 것입니다. 지금까지 지나온 모든 것이 에벤에셀 하나님의 은혜임을 고백합니다.

아무쪼록 이 책을 읽는 모든 분이 믿음의 선조들이 경험을 통해 가르쳐 주는 기도의 원리들을 삶의 현장에 잘 적용하여 하나님과 더 깊은 교제의 자리로 나아가길 바라며, 기도의 응답과 함께 하나님이 기억하시는 기도의 사람으로 인정받는 은혜가 있기를 소망합니다.

"그러므로 우리는 긍휼하심을 받고 때를 따라 돕는 은혜를 얻기 위하여 은혜의 보좌 앞에 담대히 나아갈 것이니라"(히 4:16).

2024년 5월
김성구 목사

목차

성경 인물 기도

기도의 사람이 되라

하나님이 기억하시는

김성구 지음

하나님이 그 지역의 성을 멸하실 때
곧 롯이 거주하는 성을 엎으실 때에
하나님이 아브라함을 생각하사 롯을
그 엎으시는 중에서 내보내셨더라
(창 19:29)

하나님이 기억하시는 기도의 사람이 되라

창세기 18:23~33

아브라함이 가까이 나아가 이르되 주께서 의인을
악인과 함께 멸하려 하시나이까(창 18:23)

하나님이 그 지역의 성을 멸하실 때 곧 롯이 거주하는 성을
엎으실 때에 하나님이 아브라함을 생각하사
롯을 그 엎으시는 중에서 내보내셨더라(창 19:29)

하나님은 우리 인생에 대한 깊은 관심을 가지고 계십니다. 하나님은 소돔과 고모라에 사는 사람들이 어떻게 살고 있는지 알고 계셨습니다. 그래서 이렇게 말씀하셨습니다.

"여호와께서 또 이르시되 소돔과 고모라에 대한 부르짖음이 크고 그 죄악이 심히 무거우니"(창 18:20).

하나님은 소돔과 고모라에서 사는 사람들의 '부르짖음'을 듣고 계셨으며, 그 성 사람들의 죄악이 심히 무겁다는 것도 알고 계셨던 것입니다. 여기서 '부르짖음'이라는 단어는 "억울한 피는 땅속으로 스며들지 않고 하늘을 향해 호소한다"라는 고대 사상에서 나온 말입니다.

가인이 아벨을 시기하여 돌로 쳐서 죽였을 때, 하나님은 가인에게 "네가 무엇을 하였느냐? 네 아우의 핏 소리가 땅에서부터 내게 호소하였느니라"(창 4:10)고 하셨습니다. 따라서 소돔성의 부르짖음은 악인들에 의해 억울한 죽임을 당한 사람들의 핏소리였던 것입니다.

그 부르짖음을 들으신 공의로우신 하나님께서 소돔을 심판

하실 뜻을 아브라함에게 말씀하셨습니다. 그때 아브라함이 하나님 앞에 즉시 엎드렸습니다. 특히 소돔 성에는 그의 조카 롯이 살고 있었기 때문입니다.

아브라함은 "주께서 의인을 악인과 함께 멸하려 하시나이까"(창 18:23) 라고 하며, 소돔 성을 위해 기도했습니다. 하나님은 그가 조카 롯을 위해 기도한다는 것을 알고 계셨습니다. 그러기에 하나님은 그의 기도를 들으셨고, 소돔을 멸하시는 중에 롯의 가족만은 구원해 주셨습니다.

"하나님이 그 지역의 성을 멸하실 때 곧 롯이 거주하는 성을 엎으실 때에 하나님이 아브라함을 생각하사 롯을 그 엎으시는 중에서 내보내셨더라"(창 19:29).

이처럼 하나님은 우리의 삶에 관심을 갖고 계시며, 우리의 기도에 귀를 기울이고 계십니다. 기도하는 사람을 생각하시고 기도에 응답하십니다. 그러므로 우리는 하나님이 내 삶에 관심을 가지고 계시며, 내가 기도할 때 들으시고, 응답하신다는 믿음을 가지고 기도해야 합니다.

하나님은 기도하는 사람을 기억하십니다. 그래서 소돔 성을 멸하실 때 아브라함을 생각하시고 롯의 가족만은 천사를 보내어 구원해 주신 것입니다.

오늘 우리도 소돔과 같은 세상에서 아직 구원받지 못한 가족과 친척과 친구를 위해 아브라함처럼 기도하면 우리의 기도를 기억하시고 구원해 주실 줄 믿습니다.

우리가 아브라함의 기도에서 배울 점은 무엇일까요?

첫째, 하나님의 공의와 사랑의 성품을 믿고 기도하는 것입니다.
아브라함이 창세기 18장 23절에서 "주께서 의인을 악인과 함께 멸하려 하시나이까"라는 질문으로 기도를 시작한 것은 하나님의 공의를 믿고 기도한 것입니다.

그리고 24절에서 "그 성 중에 의인 오십 명이 있을지라도 주께서 그 곳을 멸하시고 그 오십 의인을 위하여 용서하지 아니하시리이까"라고 질문한 것은 회개하는 죄인을 용서하시는 하나님의 사랑을 믿고 기도한 것입니다.

둘째, 하나님이 기억하실 만큼 간절히 지속적으로 기도하는 것입니다.

아브라함은 조카 롯의 가족을 구하기 위하여 소돔 성을 위하여 간절히 기도하고, 지속적으로 끝까지 기도했습니다.

처음에 "주께서 의인을 악인과 함께 멸하려 하시나이까"라는 기도로 시작한 그의 기도는 다시금 "회개하는 의인 오십 명이 있어도 그들을 악인들과 함께 멸하시겠습니까"로 시작하여, 45명, 40명, 30명, 20명, 10명까지 모두 7번의 기도를 아이가 엄마에게 얻고자 하는 것을 위해 간절히 매달리듯이 지속적으로 기도했습니다.

그 기도는 하나님이 소돔 성을 심판하실 때 생각나게 하는 기도였습니다. 그리하여 심판 중에 소돔 성과 롯을 위해 기도하던 아브라함을 기억하시고 롯의 가족만은 구원해 주신 것입니다.

사도행전 10장 4절에 보면, 고넬료의 기도를 하나님이 기억하고 응답하신 사실이 기록되어 있습니다. 하나님이 응답하시던 날 천사가 고넬료에게 이르기를 "네 기도와 구제가 하나님 앞에 상달되어 기억하신 바가 되었으니"라고 했습니다.

　셋째, 영혼을 사랑하는 마음으로 기도하는 것입니다.
　아브라함이 소돔과 롯을 위해 기도한 것은 자기 이익과는 아무런 상관이 없었습니다. 오직 소돔 성에 사는 사람들과 조카 롯의 영혼을 사랑하는 마음으로 그렇게 간절히 기도한 것입니다. 그 기도가 하나님의 마음을 감동케 하여 롯을 구원하게 된 것입니다.

　사랑하는 성도 여러분!
　하나님은 우리의 인생을 살피시는 하나님이십니다. 그리고 우리의 기도에 귀를 기울이시며 응답하십니다. 아브라함처럼 기도하면 하나님이 그 기도를 기억하시고 반드시 응답하실 줄 믿습니다.

말씀 기도 ───────────────────────────

사랑의 하나님 아버지! 아브라함의 기도를 배우게 하시고 아브라함처럼 하나님이 기억하시고 응답주시는 기도의 사람이 되게 하소서. 예수님의 이름으로 기도합니다. 아멘.

기도할 마음을 주실 때
기회를 놓치지 말라

창세기 20:1~18

아브라함이 하나님께 기도하매 하나님이 아비멜렉과

그의 아내와 여종을 치료하사 출산하게 하셨으니

여호와께서 이왕에 아브라함의 아내 사라의 일로 아비멜렉의 집의

모든 태를 닫으셨음이더라(창 20:17~18)

아브라함이 잠시 그랄 땅으로 이주하여 살 때 그랄 왕 아비멜렉이 아브라함의 아내 사라가 아브라함의 누이인 줄 알고 자기 궁으로 데리고 갔습니다(창 20:1~3). 그 일로 하나님께서 진노하사 아비멜렉의 꿈에 나타나셔서 "사라를 돌려보내지 않으면 너와 너에게 속한 자가 다 반드시 죽을 것이라"고 경고하셨습니다(창 20:7).

아비멜렉은 아침에 일어나서 즉시 사라를 아브라함에게 돌려보냈습니다(창 20:14). 그러나 하나님은 아비멜렉의 아내와 그의 여종들의 태의 문을 모두 닫아 임신을 하지 못하게 하셨습니다(창 20:18).

그때 아브라함은 아비멜렉을 위하여 하나님께 기도했고, 하나님은 그의 기도를 들으시고 아비멜렉과 그의 아내와 여종들을 치료하여 출산하게 해 주셨습니다.

여기서 우리는 하나님은 태의 문을 닫기도 하시고 열기도 하신다는 것을 알 수 있습니다. 하나님은 아비멜렉에게 속한 모든 여인의 태의 문들을 닫으셨으나 아브라함의 기도를 들으시고 열어 주셨습니다. 이 사실을 통해, 생명의 주인이 하나님이시라는 것을 알 수 있습니다.

우리는 기도할 때 하나님이 생명의 주인이심을 믿고 기도해야 합니다. 태의 문을 여시는 분도 하나님이심을 믿고 기도해야 합니다. 하나님께는 불가능이 없습니다. 믿고 기도하면 하나님이 태의 문을 여십니다.

아브라함의 아내 사라는 89세에 태의 문이 열리고 90세에 이삭을 낳았습니다. 야곱의 아내 레아도 라헬도 불임 시에 하나님께서 그들의 소원기도를 들으시고 태의 문을 열어 자녀를 낳게 해 주셨습니다(창 30:17, 22). 한나도 불임이었으나 기도하여 사무엘을 낳았습니다.

이처럼 하나님은 우리 인생의 모든 닫힌 문들을 열어 주십니다. 베드로가 옥에 갇혔을 때도, 바울과 실라가 옥에 갇혔을 때도 기도를 들으시고 문들을 열어 구출해 주셨습니다.

하나님은 태의 문이든지, 우리 인생이 나아가야 할 진로의 문이든지, 사업의 문이든지, 경제의 문이든지, 지혜의 문이든지, 기도의 문, 전도의 문, 사람의 마음 문도 열어 주십니다.

그러므로 우리는 모든 막힌 것을 허시고 열어 주시는 하나님을 믿고 기도해야 합니다.

또한 하나님은 막힌 문들을 열어 주시려고 우리로 하여금 기도하게 하십니다. 7절 말씀을 보면, 하나님은 아비멜렉에게 아브라함이 그를 위해 기도할 것이라고 말씀하셨습니다.

이는 하나님께서 아브라함으로 하여금 기도하게 하셨다는 것입니다. 하나님께서 아브라함에게 기도할 마음을 주시고, 기도하게 하신 후에 응답하신 것입니다. 그러므로 하나님께서 누군가를 위해, 혹은 무엇을 위해 기도하라는 마음을 주실 때 기도해야 합니다. 그 기도는 하나님이 시키신 기도이기에 반드시 응답하십니다.

사랑하는 성도 여러분!
우리 하나님은 우리 인생의 모든 문을 닫기도 하시고 열기도 하십니다. 인생 가운데 아직 열리지 않은 문이 있거나 닫힌 문이 있다면 믿음으로 기도하시기를 바랍니다. 하나님이 기도할 마음을 주실 때 그 기회를 놓치지 말고 기도하시기를 바랍니다. 반드시 하나님께서 응답 주실 줄 믿습니다.

기도할 마음을 주실 때 기회를 놓치지 말라

말씀 기도

사랑의 하나님 아버지!

기도할 마음이 생길 때 하나님이 주시는 마음으로 알고 기도하겠습니다. 기회를 놓치지 않고 기도하여 반드시 응답받게 하소서. 예수님의 이름으로 기도합니다. 아멘.

두려워 말고 기도하라

창세기 32:1~32

내가 주께 간구하오니 내 형의 손에서 에서의 손에서
나를 건져내시옵소서 내가 그를 두려워함은 그가 와서
나와 내 처자들을 칠까 겁이 나기 때문이니이다
그가 이르되 네 이름을 다시는 야곱이라 부를 것이 아니요
이스라엘이라 부를 것이니 이는 네가 하나님과 및
사람들과 겨루어 이겼음이니라(창 32:11, 28)

우리 인생은 때때로 두려운 일을 만날 때가 있습니다. 그런 경우 대부분의 사람은 어찌할 바를 모르고 발만 동동 구릅니다. 그러나 하나님을 믿는 성도들에게는 하나님께 기도할 수 있는 특권이 있습니다. 위급할 때 119에 전화를 하듯이 언제 어디서나 우리의 하나님께 기도할 수 있습니다.

기도는 두려움을 이기게 하며 위기를 돌파하는 능력입니다.

얼마 전 포항에서 물난리로 인하여 한 아파트 지하 주차장에 급류가 흘러 들어가면서 차를 옮기기 위해 들어갔던 사람들이 물속에 갇혀 목숨을 잃었습니다. 그때 예수님을 믿는 모자가 그렇게 물속에 갇혀 있다가 어머니는 13시간 만에 극적으로 구조되었고, 15살 중학생 아들은 주님의 품에 안겼습니다.

생존한 어머니가 다니엘 기도회에 나와서 간증을 했는데, 캄캄한 어둠 속에서 물이 턱까지 차올랐을 때 다른 사람들은 두려움에 아우성을 쳤으나 두 모자는 전혀 두려워하지도 않고 서로 "미안해. 사랑해. 천국에서 만나자"라는 작별의 인사를 하고, 아들부터 주님을 만나기 위한 회개기도를 시작했고, 어머니는 아들을 위해 기도하며 또 거기서 울부짖는 사람들을 위해 중보하며 13시간을 3~4시간처럼 보냈다고 합니다.

그런 중에 어머니는 아들의 이름을 불러도 아무 소리도 들리지 않았고, 구조된 직후에 병원에 누워있을 때 하나님께서 아들이 천국에서 주님의 품에 안기는 장면을 환상으로 보여주셨다고 합니다.

이처럼 하나님의 자녀들은 죽음 앞에서도 기도로 하나님과 교통하면서 두려움을 이길 수 있습니다.

오늘 말씀에 야곱 역시 큰 두려움이 엄습해 오자 기도로써 이겨내고 승리한 사실을 기록하고 있습니다.

야곱은 형 에서의 장자권을 가로챈 일로 형이 자기를 죽이려 하자 집에서 도망 나와 머나먼 하란 땅에서 20년간 나그네 인생을 살았습니다. 그는 외롭고도 서러운 타향살이였지만 하나님의 은혜로 말미암아 두 아내와 여러 자녀를 얻고, 큰 재물을 모았습니다. 그리하여 금의환향 길에 올랐습니다.

그러나 막상 돌아가려니 형 에서가 복수할까 두려웠습니다. 그리하여 화해를 목적으로 먼저 사자들을 에서에게 보내어 안부를 전했습니다. 그러나 돌아온 사자들은 형 에서가 400명의 장정들을 거느리고 야곱을 맞이하러 오고 있다고 했습니다. 과연 에서는 그의 아버지 이삭이 "에서는 칼을 믿고 생활할 것이라"(창 27:40)는 예언대로 강력한 추장이 되어 있었던 것입니다.

야곱은 형이 사랑하는 가족들을 해칠까 겁이 났습니다. 7절에 의하면, 그는 "심히 두렵고 답답하였다"라고 기록하고 있습니다. 그는 하나님께 기도하지 않을 수가 없었습니다. 가족과 가축들을 두 떼로 나누어 앞서 보낸 후에 자신은 강을 건너지 못하고 그 자리에 엎드려 하나님께 결사적인 기도를 시작했습니다.

첫째, 하나님의 약속을 의지하여 하나님의 은혜를 구했습니다(9절). 기도는 하나님의 약속을 근거로 하나님의 은혜를 구하는 것입니다.

둘째, 그동안 받은 하나님의 은혜를 감사하는 기도를 드렸

야곱의 기도

습니다(10절). 이미 받은 은혜를 기억하며 감사하는 것은 하나님을 기쁘시게 하고 응답의 확신을 갖게 합니다.

셋째, 구체적으로 필요한 은혜를 간구했습니다(11절). 에서로부터 건져달라고 기도했습니다. 우리의 기도는 구체적이어야 합니다.

다음으로 중요한 것은 기도하는 태도입니다. 24절에서 그의 기도를 천사와 씨름하는 것으로 묘사하고 있습니다. 씨름하는 선수들을 상상해 보면, 집중하여 전력을 다합니다. 한 순간도 방심할 수 없습니다.

야곱이 자신의 기도를 받아서 하나님께 전달하는 천사와 씨름을 했다는 것은 그가 얼마나 간절한 마음으로 집중하여 기도했는지를 말해 줍니다. 그는 그 기도에 승부를 걸었습니다. 절박한 심정으로 결사적인 기도를 했습니다. 그의 씨름하는 기도는 새벽까지 끝날 줄을 몰랐습니다.

천사가 그의 기도를 끝내려고 야곱의 허벅지 관절을 쳐서 관절이 어긋나고 말았습니다. 야곱은 견딜 수 없을 만큼 아프고 고통스러웠지만 기도를 포기하지 않았습니다. "내게 축복하지 아니하면 가게 하지 않겠습니다"라고 하며 끝까지 천사의 다리를 붙잡고 놓지 않았습니다.

그때 천사가 말하기를 "네 이름을 다시는 야곱이라 부를 것이 아니요, 이스라엘이라 부를 것이니, 이는 네가 하나님과 및 사람들과 겨루어 이겼음이니라"라고 했습니다(28절). 그 기도의 씨름은 야곱이 승리한 것입니다.

기도는 하나님과의 영적인 싸움입니다. 또한 자신과의 싸움인 동시에 적과의 싸움입니다. 야곱은 그 기도의 영적인 싸움에서 그리고 자신과의 싸움에서 승리했습니다. 그 결과 에서와의 싸움에서도 승리했습니다.

드디어 에서가 400명의 장정들을 데리고 와서 야곱과 만났습니다. 야곱이 형을 보자 멀리서 엎드려 절을 하며 나아가니, 형 에서가 달려와서 야곱을 치는 것이 아니라 도리어 반갑게 끌어안고 입을 맞추고 서로 부둥켜안고 울었습니다(33장 3~4절).

하나님께 씨름을 하듯이 간절히 기도한 결과 하나님께서

에서의 얼음장 같은 마음을 녹여 주신 것입니다. 그리하여 야곱은 위기를 극복하고 에서와 화해도 하게 되었습니다. 모든 두려움이 사라지도 마음에 평화를 얻게 되었습니다.

사랑하는 성도 여러분!

우리는 무슨 일을 만나도 즉시 기도할 수 있습니다. 위기의 순간 두려워하지 말고 야곱처럼 하나님을 믿고 기도하시기를 바랍니다.

기도에 승부를 걸고 결사적으로 주님이 응답하실 때까지 기도하시기를 바랍니다. 그렇게 기도하면 에서의 얼음장 같은 마음을 녹이듯이 상황을 변화시키시고 위기를 돌파하게 하실 줄 믿습니다.

말씀 기도 ───────

사랑의 하나님 아버지!

인생의 위기를 만날 때 야곱의 기도가 생각나게 하시고, 야곱처럼 기도로 승부를 걸고 결사적으로 기도하는 사람이 되게 하여 주소서. 예수님의 이름으로 기도합니다. 아멘.

내가 주께 간구하오니 내 형의 손에서, 에서의 손에서
나를 건져내시옵소서. 내가 그를 두려워함은 그가
와서 나와 내 처자들을 칠까 겁이 나기 때문이니이다.
그가 이르되 네 이름을 다시는 야곱이라 부를 것이
아니요 이스라엘이라 부를 것이니 이는 네가 하나님과
및 사람들과 겨루어 이겼음이니라(창 32:11, 28).

원망 말고 기도하라

출애굽기 15:22~26

모세가 여호와께 부르짖었더니 여호와께서

그에게 한 나무를 가리키시니 그가 물에 던지니

물이 달게 되었더라(출 15:25상)

사하라 사막을 횡단한 탐험가에게 가장 고통스러웠던 게 뭐냐고 묻자, 그는 "그것은 신발 속의 모래 한 알이었습니다"라고 대답했습니다. "그러면 신발을 벗어 모래를 털어버리고 가면 되지 않느냐"고 하자, "그렇게 해 보았지만, 몇 발짝 못 가서 다시 모래가 들어가서 그 고통을 참고 갈 수밖에 없었습니다"라고 했습니다.

이처럼 우리 인생길은 항상 평탄한 길만 있는 것이 아닙니다. 때로는 사막과 같은 길을 통과해야 할 때도 있습니다. 사업의 실패, 경쟁에서 패배, 질병, 사고 등으로 인생의 쓴맛을 경험하게 됩니다. 그로 인해 신발 속의 모래알처럼 우리를 고통스럽게 하는 인생의 쓴맛을 경험하게 되는 것입니다.

인생의 쓴맛은 특정한 사람만 경험하는 것이 아니라, 누구나 경험하게 되는 일입니다. 따라서 우리에게 중요한 것은 그런 상황들에 대한 우리의 태도입니다. 인생의 태도가 그 사람의 삶을 결정짓게 됩니다.

이스라엘 백성들이 꿈에도 그리던 약속의 땅 가나안을 목전에 두고 여리고 성을 정복해야 하는 숙제를 안게 되었을 때

원망 말고 기도하라

의 일입니다. 그때 그들의 반응은 두 가지였습니다.

대부분은 거기까지 인도하신 하나님의 은혜와 능력을 망각하고 원망하며 불평하는 태도를 취했고 그로 인해 광야를 배회하다가 약속의 땅으로 들어가지 못했습니다. 반면에 끝까지 하나님을 신뢰하고 믿었던 여호수아와 갈렙은 그 땅을 차지하는 축복을 받았습니다.

이스라엘 백성들이 광야를 행진하던 중에 마라의 쓴물을 만났을 때도 두 가지 태도가 나타났습니다. 백성들은 그들을 거기까지 인도하며 수고한 지도자 모세를 원망했습니다. 그러나 모세는 여전히 하나님을 신뢰하고 하나님께 간절한 기도를 올렸습니다.

그러자 하나님께서 모세의 기도를 들으시고 한 나무를 가리키셨습니다. 모세가 그 나무를 베어 물어 던지니 쓴물이 단물로 바뀌었습니다. 그리하여 모든 백성과 짐승들이 그 물을 마시고 생기를 회복하게 되었습니다. 하나님께서 이스라엘 백성들의 원망 소리를 들어서가 아니라 모세의 기도를 들으시고 쓴물이 단물이 되게 해 주신 것입니다.

여기에 기도 응답의 원리가 있습니다.

그것은 믿음으로 기도하고, 기도할 때 주시는 하나님의 음성에 귀를 기울이고, 하나님이 지시하시는 대로, 성령이 감동 주시는 대로 순종하는 것입니다.

가나 혼인 잔칫집에서 포도주가 떨어졌을 때 예수님의 어머니 마리아는 하인들에게 주님이 무슨 말씀을 하시든지 그대로 하라고 했습니다. 그래서 하인들은 주님의 말씀에 귀를 기울였고 주님이 시키는 대로 순종했습니다. 그러자 물이 포도주가 되는 기적이 일어났습니다.

예수님이 실패의 쓴맛을 본 베드로에게 그물을 바다 깊은 곳에 내리라고 하셨습니다. 베드로가 그 말씀에 순종했을 때 그물이 찢어질 만큼 많은 고기가 잡히는 기적이 일어났습니다.

모세 역시 하나님이 한 나무를 물에 던지라고 하시자 그대로 순종한 결과 쓴물이 단물이 되었습니다. 순종하지 않았다면 아무 일도 일어나지 않았을 것입니다.

순종은 믿음의 시금석입니다. 26절에서 하나님은 우리가 그 말씀에 순종하는지 아니하는지 시험하신다고 하셨습니다. 이 시험에 합격할 때 재앙을 면하고 우리를 치료하신다고 하셨습니다.

사랑하는 성도 여러분!
오늘 우리 역시 광야의 인생을 행진하고 있습니다. 누구나 때때로 인생의 쓴물을 만날 수 있습니다. 중요한 것은 우리의 태도입니다.

우리가 인생의 쓴맛을 만났을 때 정답은 그것이 믿음의 시험대인 줄 알고 원망하지 말고 하나님께 믿음을 보여드리는 것입니다. 그것은 하나님을 신뢰하고 기도하고, 그때 주시는 주의 음성에 귀를 기울이고 순종하는 것입니다.

그리고 모세가 물에 던진 나무는 우리를 죄와 저주와 사망의 권세에서 건지신 주님의 십자가를 상징하는 것입니다. 인생의 마라를 만날 때마다 주님의 십자가를 가슴에 품고 기도하시기를 바랍니다. 하나님께서 쓴물을 단물이 되게 해 주실 줄 믿습니다.

말씀 기도 ─────────────────────────────

사랑의 하나님 아버지!

인생의 쓴물을 만날 때마다 기도하며, 주님의 십자가를 가슴에 품고 믿음으로
순종하게 하소서. 예수님의 이름으로 기도합니다. 아멘.

기도는
영적전쟁이다

출애굽기 17:8~16

여호수아가 모세의 말대로 행하여 아말렉과 싸우고

모세와 아론과 훌은 산꼭대기에 올라가서

모세가 손을 들면 이스라엘이 이기고 손을 내리면

아말렉이 이기더니(출 17:10~11)

이스라엘 백성들이 가나안 복지를 향하여 광야를 행진하고 있었습니다. 이 여정은 우리 그리스도인들이 세상에서 구원 받은 후에 하나님의 나라를 향해 행진하고 있는 것을 보여 주는 것입니다.

그런데 이 여정 가운데 방해꾼이 있습니다. 그것은 바로 아말렉입니다. 이스라엘 백성들이 행진하고 있는데 아말렉이 공격해 왔습니다. 아말렉은 영적으로 보면, 우리 그리스도인들이 가는 길을 방해하는 사탄의 세력입니다. 그러므로 에베소서 6장 12절에서 우리의 싸움은 하늘에 있는 악한 영들을 상대로 하는 영적 전쟁이라고 말씀하고 있습니다.

이처럼 우리 인생의 여정에는 때때로 예상치 못한 문제의 아말렉이 등장합니다. 아말렉은 그것이 무엇이든지 우리의 신앙생활에 발목을 잡는 것들입니다. 아말렉의 목적은 우리에게 상처를 입히고, 우리를 시험에 들게 하고, 믿음이 성장하지 못하게 하고, 우리를 넘어뜨리고자 하는 것입니다.

그러므로 우리의 싸움은 이런 아말렉과의 영적 전쟁이라는 사실을 명심하고, 하나님의 전신갑주를 입고, 믿음의 방패와 성령의 검 곧 하나님의 말씀으로 무장하고, 늘 깨어 기도에 힘써야 합니다(엡 6:10~18).

그렇다면 아말렉과의 전쟁에서 승리하는 비결은 무엇입니까? 그것은 육적 전쟁과 영적 전쟁을 동시에 하는 것입니다.

아말렉이 쳐들어오자, 지도자 모세는 먼저 여호수아로 하여금 전쟁에 나갈 만한 사람들을 택하여 아말렉과 맞서 싸우게 합니다. 이것은 육적 전쟁입니다. 그리고 자신은 아론과 훌을 데리고 산꼭대기에 올라가서 기도를 시작합니다. 이것은 영적 전쟁입니다.

기도가 영적 전쟁이라는 사실은 야곱이 에서의 위기 앞에 기도할 때 그와 씨름하던 천사가 야곱에게 "네가 하나님과 및 사람들과 겨루어 이겼다"라고 한 말에서도 알 수 있습니다.

그런데 꼭 명심해야 할 것은 아말레과의 싸움에서 승패는 영적 전쟁인 기도에 달려 있다는 것입니다. 그 사실을 이스라엘과 아말렉과의 전쟁을 통해 알 수 있습니다. 모세가 하나님을 향하여 손을 들고 기도하면 이스라엘이 이기고, 그 기도를 멈추면 아멜렉이 이겼습니다.

이러한 사실은 기도의 승리가 곧 모든 것의 승리임을 분명히 말하고 있는 것입니다. 그러므로 우리의 삶의 여정 가운데 우리를 괴롭히는 아말렉과 같은 문제가 생겼을 때는 모세와 같이 즉시 영적 전쟁을 선포하고 기도에 돌입해야 합니다.

모세가 아멜렉과의 전쟁에서 승리한 비결은 다음 세 가지입니다.

첫째, 전쟁의 승리를 위하여 기도의 산에 올라간 것입니다(9절).

성도가 기도하는 것은 전능하신 하나님을 원군으로 모시는 유일한 방법입니다. 하나님을 의지하고 기도할 때 하나님이 친히 싸우시는 것입니다.

둘째, 모세가 하나님의 지팡이를 들고 기도한 것입니다(9절하).

그 지팡이는 바로 앞에서 하나님의 능력을 행한 지팡이며,

기도는 영적전쟁이다

홍해를 가르던 지팡이였습니다. 그러므로 그 지팡이를 들고 기도했다는 것은 하나님의 능력을 의지하고 기도했다는 것입니다. 그 전쟁에서 하나님의 능력이 역사하시도록 기도한 것입니다.

셋째, 아론과 훌을 데리고 연합하여 기도한 것입니다(10~12절).

모세가 홀로 기도했더라면 승리하지 못했을 것입니다. 아론과 훌이 함께 하여 모세의 양옆에서 그의 팔을 들어주었기에 모세는 끝까지 쉬지 않고 기도할 수 있었고 승리한 것입니다.

사랑하는 성도 여러분!

모세가 아말렉을 물리치고 승리할 수 있었던 것은 영적 전쟁을 선포하고 야곱처럼 기도에 승부를 걸었기 때문입니다. 그 기도의 승리가 아말렉이라는 현실 문제를 해결하는 결정적인 요인이 되었습니다.

무엇보다 문제가 해결될 때까지 쉬지 않는 기도가 승패를 좌우합니다. 기도 자체가 자신과의 싸움이며 영적 전쟁입니다. 평소에 오래도록 기도하는 능력을 키운다면 아말렉이 쳐

들어올 때마다 승리의 개가를 부르게 될 줄 믿습니다.

말씀 기도

사랑의 하나님 아버지!
늘 깨어 기도하는 생활로 기도의 능력을 키우게 하소서. 그리하여 어떤 아말렉이 덤벼들어도 영적 전쟁에서 승리하게 하소서. 예수님의 이름으로 기도합니다. 아멘.

여호수아가 모세의 말대로 행하여 아말렉과
싸우고 모세와 아론과 훌은 산꼭대기에
올라가서 모세가 손을 들면 이스라엘이 이기고
손을 내리면 아말렉이 이기더니 (출 17:10~11).

확신이 올 때까지
기도하라

사사기 6:11~37

기드온이 하나님께 여쭈되 주께서 이미 말씀하심 같이

내 손으로 이스라엘을 구원하시려거든 보소서

내가 양털 한 뭉치를 타작마당에 두리니 만일 이슬이 양털에만 있고

주변 땅은 마르면 주께서 이미 말씀하심 같이

내 손으로 이스라엘을 구원하실 줄을

내가 알겠나이다 하였더니(삿 6:36~37)

5만 번 기도 응답을 받은 기도의 사람 조지 뮬러는 "우리가 그것을 실천할 수 있는 확신이 올 때까지 기도하라"고 말했습니다.

　그런 기도를 한 대표적인 사람이 기드온입니다. 기드온은 본래 겁이 많고 믿음이 연약한 사람이었습니다. 그런데 하나님께서는 이스라엘을 미디안의 압제로부터 구원하시기 위하여 기드온을 선택하셨습니다. 하나님은 약한 자를 사용하여 강한 자를 부끄럽게 하시는 분이시기 때문입니다(고전 1:27).

　오늘 우리도 약하지만 하나님이 사용하시면 강한 자를 부끄럽게 하는 사람이 될 수 있습니다. 하나님은 약한 자 기드온을 사용하셔서 막강한 미디안 연합 군대를 부끄럽게 하실 계획을 하시고 기드온을 부르셨습니다. 그리고 그에게 "내가 너와 함께 하리니 너는 가서 이스라엘을 미디안의 손에서 구원하라"고 하셨습니다(12~14절).

　하지만 기드온은 "저의 집안은 이스라엘 중에서 지극히 미약하고 그 중에서도 저는 제일 약합니다"라고 자신 없는 말을 했습니다. 그러자 하나님께서 "내가 반드시 너와 함께 하

확신이 올 때까지 기도하라

리니 네가 미디안 사람 치기를 한 사람을 치듯 하리라"고 하시며 용기를 주셨습니다(15~16절).

그럼에도 불구하고 기드온은 자신이 미디안을 쳐서 이길 수 있다는 확신이 없었습니다. 왜냐하면 미디안 연합군은 13만 5천 명인데, 기드온을 따르는 군대는 불과 3만 2천 명이었기 때문입니다. 그래서 하나님이 승리를 보장하신다고 약속하셨음에도 불구하고 믿음이 약하여 확신이 없었던 것입니다.

이는 오늘 우리도 마찬가지입니다. 하나님께서는 성경에 우리와 함께하시겠다는 약속을 수없이 하고 계시지만 우리의 믿음은 여전히 연약합니다. 큰일 앞에서 확신이 없어서 머뭇거립니다. 그러다가 하나님이 함께하시는 놀라운 일들을 경험하는 기회를 놓치곤 합니다.

그래서 우리에게는 기드온처럼 확신을 얻는 기도를 할 필요가 있습니다. 기드온은 확신을 얻기 위해 하나님께 표징을 구하는 기도를 합니다. 그것이 바로 양털 시험입니다.

먼저 양털 한 뭉치를 타작마당에 두고 "이슬이 양털 뭉치에만 내리고 주변 땅은 마르면 하나님이 이미 말씀하신 대로 나의 손으로 이스라엘을 미디안의 손에서 구원하시는 줄을 알겠습니다"라고 기도했습니다.

이튿날 아침 일찍 일어나서 확인해 보니 기드온이 요구한 그대로 되었습니다. 양털에서 이슬을 짜니 물이 한 그릇이나 되었습니다. 기드온은 그래도 확신이 서지 않았습니다.

그래서 하나님께 한 번 더 기도했습니다. 이번에는 반대로 양털은 마르고 주변 땅에만 이슬이 내리게 해 달라고 말씀드렸습니다. 하나님은 이번에도 그의 기도를 들어주시고 기드온이 요구한 대로 양털은 마르고 주변 땅에만 이슬이 내리게 하셨습니다.

이처럼 하나님은 우리가 확신이 없어 계속 기도해도 친절하게 응답해 주십니다. 하나님은 모세를 바로에게 보내실 때도 확신이 없어 주저하며 핑계를 대는 그에게 지팡이가 뱀이 되고, 손에 나병이 들었다가 다시 낫는 표적을 통해서 그에게 확신을 주셨습니다.

확신이 올 때까지 기도하라

기드온은 기도하여 하나님의 응답을 받고 확신을 가진 후에 3만 2천 명이 아니라 단지 300명 용사로 미디안 13만 5천 명을 섬멸하는 개가를 올렸습니다.

사랑하는 성도 여러분!
오늘 우리도 때로는 하고자 하는 일이 하나님의 뜻인 줄을 알면서도 확신이 없어서 머뭇거리거나 포기하는 경우가 있습니다. 그러나 하나님은 약한 자를 선택하여 강한 자를 부끄럽게 하시는 분이십니다.

우리가 확신이 없어서 기도할 때 몇 번이고 우리의 기도에 응답해 주십니다. 확신이 필요할 때는 확신이 올 때까지 기도하고, 필요할 때는 기드온처럼 구체적인 표징을 구하면서 기도하시기를 바랍니다.

말씀 기도 ───────────────────────────

사랑의 하나님 아버지!
우리는 마음도 연약하고 믿음도 연약합니다. 하나님이 우리와 함께하시면 능치 못할 일이 없다는 확신 있는 믿음을 주소서. 예수님의 이름으로 기도합니다. 아멘.

───────
기드온의 기도

고난 중에 기도하라

사무엘상 1:1~18

한나가 마음이 괴로워서 여호와께 기도하고 통곡하며
서원하여 이르되 만군의 여호와여
만일 주의 여종의 고통을 돌보시고 나를 기억하사
주의 여종을 잊지 아니하시고 주의 여종에게
아들을 주시면 내가 그의 평생에 그를 여호와께 드리고
삭도를 그의 머리에 대지 아니하겠나이다(삼상 1:10~11)

이스라엘 백성들이 이집트 바로의 압제에서 벗어나 약속의 땅 가나안으로 가는 노정에는 많은 시련과 고난이 있었습니다. 이처럼 우리 그리스도인이 하나님의 은혜로 구원을 받았으나, 아직 천국에 도착하지 않았습니다. 천국에 도착하기까지 우리의 인생 여정에는 누구나 예외 없이 시련과 고난을 겪게 됩니다.

고난이 올 때 사람들의 반응은 여러 가지입니다. 어떤 사람은 나에게 왜 이런 일이 일어나느냐고 하며 분노하며 누구를 원망하기도 합니다. 어떤 사람은 근심하며 염려합니다. 그런다고 해서 더 나아지는 것은 아무것도 없습니다. 도리어 인생이 더 슬퍼지고 스트레스만 쌓일 뿐입니다.

그러나 믿음의 사람들은 고난이 올 때 자신을 사랑하시는 하나님을 믿고 기도합니다. 그러므로 야고보서 5장 13절 말씀에서 "너희 중에 고난당하는 자가 있느냐 그는 기도할 것이요 즐거워하는 자가 있느냐 그는 찬송할지니라"라고 하십니다.

고난을 당할 때는 기도하라는 것입니다. 즐거운 일이 있으면 찬송하라는 것입니다. 이것이 우리 그리스도인의 두 가지 삶의 태도입니다.

엘가나에게 한나와 브닌나라는 두 아내가 있었습니다. 브닌나는 임신을 하여 자식을 낳았는데 한나는 임신을 하지 못했습니다. 한나 입장에서는 참으로 슬픈 일이요, 자존심이 상하는 일입니다. 그래도 남편이 자신을 사랑하니 견딜만했습니다. 문제는 브닌나가 자기를 멸시하여 심기를 건드리며 화나게 만드는 것이었습니다.

그것은 견딜 수 없는 괴로움이었습니다. 밥도 목으로 넘어가지 않았고, 날마다 울기만 했습니다. 그런 그녀를 보고 남편은 "어찌하여 그대의 마음이 슬프냐 내가 그대에게 열 아들보다 낫지 아니하냐"라고 위로했지만 별로 도움이 되지 않았습니다(6-8절).

결국, 한나가 그 고난 중에 선택한 것은 하나님께 기도하는 것이었습니다. 한나는 집에서는 소리 내어 기도하지 못하고 성전에 올라갈 때마다 하나님께 괴로운 마음을 토로하며 통곡하며 기도했습니다.

고난 중에 하는 기도이기에 그 기도는 그 어느 때보다 간절했습니다. 그 간절함이 하나님께 서원기도를 하게 됩니다. 만일 하나님께서 자신의 고통을 돌아보시고 아들을 주시면 하나님께 바치겠다는 기도를 했습니다.

하나님께서 그 한나의 기도를 들으시고 그 소원을 들어주셨습니다. 하나님께서 한나의 태의 문을 여시고 아기를 임신하게 하시므로 아들을 낳았습니다. 그 아들이 바로 이스라엘의 영적 암흑기를 밝힌 위대한 선지자 사무엘입니다.

사무엘이 하나님이 쓰시는 위대한 선지자요, 제사장이 된 것은 한나의 간절한 기도로 얻은 아들이기도 하지만, 한나가 하나님께 서원한 대로 그 아들을 젖을 떼자마자 바로 하나님께 바쳤기 때문입니다.

오늘 우리 역시 한나와 같이 견디기 힘든 고난을 당할 수 있습니다. 그때 우리가 선택해야 하는 유일한 길은 바로 한나와 같이 하나님의 응답을 믿고 기도하는 것입니다.

기도만이 고난을 극복하는 길이며, 고난을 변장된 축복으로 만드는 능력입니다.

한나는 고난 중에 어떻게 기도했습니까?

온 마음을 쏟아붓는 기도를 했습니다. 한나가 그렇게 간절한 마음으로 기도하는 것을 보고 엘리 제사장은 한나가 너무 괴로워서 포도주를 마시고 취한 줄로 알고 "포도주를 끊으라"고 했습니다.

그러자 한나는 "그게 아닙니다. 저는 마음이 슬픈 여자라 여호와 앞에 내 심정을 통한 것뿐입니다. 내가 지금까지 술에 취한 사람처럼 말한 것은 나의 원통함과 격분됨이 많기 때문입니다"라고 대답했습니다.

여기서 "내 심정을 통했다"라는 말은 '나의 온 마음을 쏟아부어서 하나님께 기도했다'는 뜻입니다(15절).

우리의 마음 중심을 보시는 하나님은 온 마음을 쏟아붓는 애통하는 마음으로 하는 기도에 응답하십니다. 그러기에 예수님은 "애통하는 자는 복이 있나니 그들이 위로를 받을 것이라"(마 5:4)고 하셨습니다.

한나의 그 애통하는 마음으로 하는 간절한 기도는 하나님의 마음을 움직였습니다. 하나님께서 그의 종 엘리 제사장을 통해 한나를 위로하시고 그의 마음에 평안을 주셨습니다. 그리하여 한나는 기도 후에 집에 돌아가서 먹고 다시는 얼굴에 근심 빛이 없었습니다(17~18절).

그날 한나가 집으로 돌아가서 남편과 함께 잠자리에 들었는데 하나님께서 한나를 생각하시고 그의 태의 문을 여시고 아들을 임신하게 하셨습니다(19절). 한나의 온 마음을 쏟아붓는 그 애통한 기도가 하나님의 위로를 받은 것입니다.

남편의 위로는 진정한 위로가 되지 못했으나 하나님의 응답이 진정한 위로가 되었습니다.

사랑하는 성도 여러분!
우리가 당하는 고난을 아시고 진정으로 우리를 위로하실 분은 하나님뿐이십니다. 우리가 고난 중에 위로받는 길은 애통하는 자를 위로하시는 하나님께 기도하는 것뿐입니다.

고난을 당하여 마음이 괴로울 때 그 마음이 하나님께 통할 때까지 기도하면 하나님이 위로하시고 마음에 평안을 주시고 반드시 응답하실 줄 믿습니다.

말씀 기도

사랑의 하나님 아버지!
고난을 당할 때 기도하게 하소서. 우리의 애통한 마음이 주님께 통할 때까지 기도하게 하소서. 그리하여 주님의 위로와 평안을 얻게 하시고 응답 받게 하소서. 예수님의 이름으로 기도합니다. 아멘.

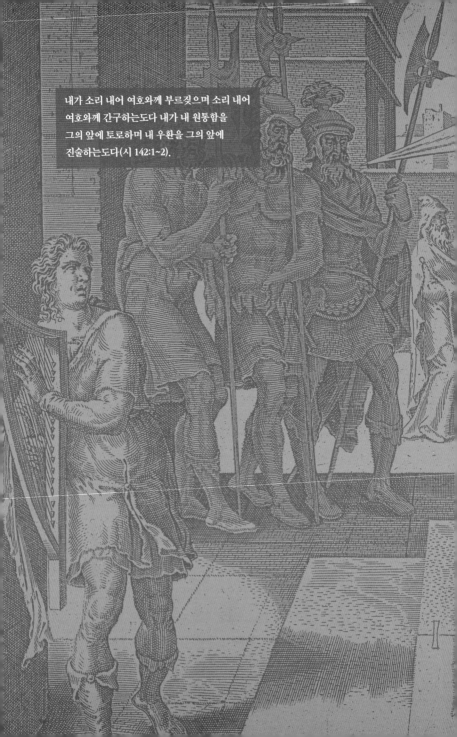

내가 소리 내어 여호와께 부르짖으며 소리 내어
여호와께 간구하는도다 내가 내 원통함을
그의 앞에 토로하며 내 우환을 그의 앞에
진술하는도다(시 142:1~2).

• • •

하나님을 감동시키는 기도를 하라

사무엘하 7:1~17, 25~29

여호와 하나님이여 이제 주의 종과 종의 집에 대하여 말씀하신 것을

영원히 세우셨사오며 말씀하신 대로 행하사

사람이 영원히 주의 이름을 크게 높여 이르기를

만군의 여호와는 이스라엘의 하나님이라 하게 하옵시며

주의 종 다윗의 집이 주 앞에 견고하게

하옵소서 (삼하 7:25~26)

사람들은 주로 자신의 필요에 따라 자신의 유익을 위한 기도를 합니다. 그러나 다윗의 기도의 특징은 하나님을 위한 기도를 하는 것입니다. 그 기도가 하나님의 마음을 감동시켰으며 하나님의 복을 받게 하였습니다. 다윗의 기도는 복을 부르는 기도였습니다.

　　복을 부르는 기도의 특징은 자신의 유익보다 하나님을 생각하는 기도입니다.

　　다윗이 왕위에 오른 후에 사방의 모든 적을 무찌르고 나라가 안정되고 비로소 왕궁에서 평안을 누리게 되었을 때, 다윗의 눈에 제일 먼저 들어온 것은 하나님의 궤가 있는 천막이었습니다. 하나님의 궤는 십계명이 들어 있는 것으로 하나님의 임재를 상징하는 거룩한 것입니다.

　　그런데 자신은 백향목으로 만든 궁궐에 사는 데, 하나님의 궤는 천막 속에 방치되어 있었던 것입니다. 다윗은 그것을 보자 하나님께 너무 죄송스러워서 견딜 수가 없습니다.

　　그래서 하나님의 선지자 나단을 불러서 이렇게 말합니다.

하나님을 감동시키는 기도를 하라

"볼지어다 나는 백향목 궁에 살거늘 하나님의 궤는 휘장 가운데 있도다"(2절). 하나님의 궤를 모실 집을 건축하고 싶다는 것이었습니다. 다윗의 그 갸륵한 마음이 하나님을 감동시켰습니다.

그날 밤에 하나님께서 나단 선지자를 불러 다윗에게 이 말씀을 전하라고 하십니다. 5절, "가서 내 종 다윗에게 말하기를 여호와께서 이와 같이 말씀하시되 네가 나를 위하여 내가 살 집을 건축하겠느냐." 하나님께서 큰 감동을 받으셨다는 것입니다.

그리고 다음과 같이 약속하셨습니다.

"네가 가는 모든 곳에서 내가 너와 함께 있어 네 모든 원수를 네 앞에서 멸하였은즉 땅에서 위대한 자들의 이름 같이 네 이름을 위대하게 만들어 주리라"(9절).

지금까지 다윗에게 은혜를 베푸셨거니와 그의 이름을 위대하게 만들어 주겠다고 하셨습니다.

"너를 모든 원수에게서 벗어나 편히 쉬게 하리라 여호와가 또 네게 이르노니 여호와가 너를 위하여 집을 짓고, 네 수한이 차서 네 조상들과 함께 누울 때에 내가 네 몸에서 날 네 씨를 네 뒤에 세워 그의 나라를 견고하게 하리라"(11~12절).

다윗의 노년을 평안하게 해 주시고, 하나님께서 다윗의 집을 지어 주어, 그의 아들이 왕위를 잇게 하고 그의 나라를 견고하게 해 주겠다고 약속하셨습니다.

"그는 내 이름을 위하여 집을 건축할 것이요 나는 그의 나라 왕위를 영원히 견고하게 하리라. 나는 그에게 아버지가 되고 그는 내게 아들이 되리니 그가 만일 죄를 범하면 내가 사람의 매와 인생의 채찍으로 징계하려니와 내가 네 앞에서 물러나게 한 사울에게서 내 은총을 빼앗은 것처럼 그에게서 빼앗지는 아니하리라"(13~15절).

다윗의 소원대로 그의 아들 솔로몬이 하나님의 성전을 건축하게 하고, 그의 나라 왕위를 영원히 견고하게 하고, 그의 아버지가 되어 혹시 죄를 범할지라도 징계는 할 것이나 사울 왕이 죄를 범할 때 왕위를 빼앗은 것처럼 그에게는 빼앗지 않겠다고 약속하셨습니다.

이 모든 말씀은 실로 파격적인 축복을 약속하신 것입니다.

다윗은 나단 선지자로부터 이 말씀을 들은 후에 그 동안 분에 넘치게 베풀어 주신 하나님의 은혜를 조목조목 감사하며, 모든 영광을 하나님께 돌립니다(18~24절).

그리고 하나님이 약속하신 말씀에 의지하여 이렇게 기도합니다.

"말씀하신 대로 행하사 사람이 영원히 주의 이름을 크게 높여 이르기를 만군의 여호와는 이스라엘의 하나님이라 하게 하옵시며, 주의 종 다윗의 집이 주 앞에 견고하게 하옵소서"(25하~26절).

하나님이 약속하신 말씀대로 행하시되 먼저 사람이 영원히 하나님의 이름을 크게 높여 하나님을 인정하게 해 달라고 하나님의 영광을 위한 기도를 합니다. 다음으로 약속하신 말씀대로 자기 집을 견고하게 해 달라고 기도합니다.

그리고 그의 기도는 이렇게 마칩니다.

"이제 청하건대 종의 집에 복을 주사 주 앞에 영원히 있게 하옵소서. 주 여호와께서 말씀하셨사오니 주의 종의 집이 영원히 복을 받게 하옵소서"(29절).

먼저 하나님의 은혜를 감사하고, 하나님의 영광을 위한 기도를 한 후에 마지막으로 약속하신 말씀대로 자신의 집이 영원히 복을 받게 해 달라는 기도를 하고 마칩니다.

사랑하는 성도 여러분!
지금까지 살펴본 대로 다윗의 기도는 먼저 하나님을 생각하는 데서 시작되었습니다. 그리고 먼저 하나님께서 베풀어 주신 은혜에 감사했고, 다음으로 하나님의 영광을 위한 기도를 했고, 마지막으로 응답하신 말씀을 근거로 자기의 집에 복을 달라는 기도를 했습니다.

이 다윗의 기도가 바로 하나님을 감동시키는 기도이며, 복을 부르는 기도입니다. 한마디로 말해 먼저 하나님의 나라와 그의 의를 위한 기도입니다.

오늘 우리도 다윗처럼 나 자신보다 먼저 하나님을 생각할 줄 아는 사람이 되어 다윗처럼 하나님을 감동시키는 기도의 사람이 되어야 하겠습니다.

말씀 기도 ———————————————————

사랑의 하나님 아버지!
먼저 하나님을 생각하고, 하나님의 영광을 구하며, 하나님이 주시는 말씀을 의지하고 기도하는 사람이 되게 하소서. 예수님의 이름으로 기도합니다. 아멘.

토로하고 진술하는 기도를 하라

시편 142:1~7

내가 소리 내어 여호와께 부르짖으며 소리 내어

여호와께 간구하는도다 내가 내 원통함을

그의 앞에 토로하며 내 우환을 그의 앞에

진술하는도다(시 142:1~2)

본 시편은 다윗의 기도 시로서 그가 사울 왕의 시기와 질투로 인하여 생명의 위협을 느끼고 도피 생활을 할 때를 배경으로 하고 있습니다. 당시 다윗은 사냥꾼에게 쫓기는 짐승처럼 사울 왕의 추격대에 쫓기던 중에 황무지 굴 깊은 곳에 몸을 숨기고 있었습니다.

그때 그의 심정이 어떠했을까요? 그때의 심정은 마치 탈북민들이 목숨을 걸고 탈출하던 중에 추격을 당하여 급히 은신처에 숨어서 숨을 죽이고 있을 때의 심정과 같을 것입니다. 발각되면 어쩌나 하는 초조함과 불안과 공포와 두려움이 동시에 몰려오는 시간을 보냈을 것입니다.

그런 위험하고 급박한 순간을 모면하여 잠시 숨을 돌리는 시간에 다윗은 어떤 생각을 했을까요? 자신의 처지를 생각하면 억울하고 원통한 생각밖에 들지 않았을 것입니다.

나라와 왕을 위해서 목숨 걸고 가장 위협적인 존재였던 적장 골리앗을 무찌르는 큰 공을 세웠고, 그 후에도 전쟁마다 승리하여 사울 왕국을 견고하게 해 주었는데, 그 공을 치하하기는커녕 도리어 죽이려 하고, 계속해서 추격을 하고 있으니 얼마나 억울하고 원통했겠습니까?

그때 그도 사람인지라 다른 사람들처럼 울분을 터트리며 사울 왕을 미워하고 저주하며 분노할 수 있었습니다. 그러나 다윗은 그렇게 하지 않았습니다. 원수 갚는 것은 하나님의 손에 맡기고, 하나님 앞에 엎드렸습니다.

심지어 사울 왕을 죽일 수 있는 절호의 기회가 왔을 때도 그는 사울을 해치지 않았습니다. 다윗의 이 태도가 바로 하나님을 경외하는 사람의 모습입니다.

하지만 위기와 압박을 당할 때마다 그의 내면에서 올라오는 그 억울함과 원통함은 어떻게 처리해야 하겠습니까? 그것은 하나님 앞에 자신의 사정을 토로하고 진술하는 것입니다.

하나님만이 자신의 억울함과 원통함을 풀어 줄 수 있다고 믿었기 때문입니다.

그러므로 예수님은 한 과부가 불의한 재판관에게 가서 자신의 원한을 풀어달라고 밤낮 부르짖듯이 하나님께 나아가 부르짖으라고 하셨습니다.

그러면 비록 하나님도 두려워하지 않고 사람을 무시하는 불의한 재판관일지라도 그 과부의 원한을 풀어 주는데, 하물며 공의로우시고 선하신 하나님께서 어찌 그 원한을 풀어 주지 않겠느냐고 하셨습니다(눅 18:1~8).

오늘 우리도 다윗처럼 억울하고 원통한 일을 당하면 하나님께 나아가 부르짖어야 합니다.

다윗은 그 억울함과 원통함을 참을 수 없어서 하나님께 소리 내어 부르짖었습니다. 자신이 당한 모든 사정을 하나님 앞에 토로했습니다.

토로한다는 것은 마음에 있는 것을 쏟아내는 것을 말합니다. 다윗은 자신의 마음에 있는 모든 억울함, 분노, 슬픔, 괴로움, 절망, 원통함을 모두 쏟아내었습니다.

그리고 자신의 우환 즉 자신이 지금 당하고 있는 모든 괴로운 사정들을 하나님 앞에 낱낱이 진술했습니다. 진술이란 재판관 앞에 모든 사정을 사실대로 말하는 것입니다. 다윗은 그렇게 공의로우신 재판관이신 하나님 앞에 자신이 처한 사정들을 그대로 진술했습니다. 그 내용은 3~7절에 기록되어 있습니다.

이처럼 다윗은 자신의 억울함과 원통함을 사람에게 퍼붓지 아니하고, 하나님 앞에 토로하며 진술하는 기도를 드렸습니다. 그때 하나님은 그의 영혼과 마음의 상처를 만지시고 치유해 주시고 위로해 주시곤 하셨습니다.

그리고 마침내 그를 기가 막힐 웅덩이와 수렁에서 끌어 올리시고 최후의 승리자가 되게 해 주셨습니다(시 40:1~2).

사랑하는 성도 여러분!
다윗처럼 억울하고 원통한 일을 당하거나 좀 풀리지 않는 문제와 오랜 영적전쟁을 할 때는 오직 주님께 엎드려 모든 것을 맡기고 마음에 있는 것을 토로하고 모든 사정을 진술할 때 주님의 위로와 힘을 얻고 마침내 승리할 줄 믿습니다.

말씀 기도 ─────────────────────────────

사랑의 하나님 아버지!

억울하고 원통한 일을 당할 때마다 다윗처럼 오직 하나님께 호소하게 하소서.

주님 앞에 마음을 토로하며 진술하는 기도를 통하여 주님의 위로를 받고 승리

하게 하소서. 예수님의 이름으로 기도합니다. 아멘.

• • •

감사하며 주님의 뜻대로
기도하라

열왕기상 3:9~15

누가 주의 이 많은 백성을 재판할 수 있사오리이까

듣는 마음을 종에게 주사 주의 백성을 재판하여

선악을 분별하게 하옵소서 솔로몬이 이것을 구하매

그 말씀이 주의 마음에 든지라 (왕상 3:9~10)

우리의 기도는 하나님이 다 들으십니다. 그러나 하나님께서 무조건 다 응답해 주시는 것은 아닙니다. 어떤 기도는 기뻐하시지만, 또 어떤 기도는 기뻐하시지 않습니다.

하나님이 응답하시는 기도가 있는가 하면, 응답하시지 않는 기도가 있습니다. 그러므로 우리는 기도할 때 주님의 뜻에 합당한 기도를 드려야 합니다.

하나님이 응답하시지 않는 기도는 자기 욕심을 채우고자 이기심을 가지고 하는 기도입니다. 야고보서 4장 3절에서는 "구하여도 받지 못함은 정욕으로 쓰려고 잘못 구하기 때문이라"고 말씀하고 있습니다.

예를 들어 돈을 많이 벌게 해 달라는 기도를 하는데, 주님께서 그 마음의 동기를 보시니까 하나님의 영광과 선한 일을 위해서 구하는 것이 아니라 자신의 정욕에 쓰려고 구하면 응답해 주시지 않는다는 것입니다.

그런데 하나님께서 솔로몬이 구하는 것을 보시니까, 자기를 위하여 장수를 구하지도 아니하고, 부를 구하지도 아니하고, 원수의 생명을 멸하게 해 달라는 것도 아닙니다. 오직 백성들의 송사를 듣고 분별하는 지혜를 구하는 것입니다(9, 11절).

자기 욕심으로 구하는 것이 하나도 없습니다. 오직 하나님께서 맡기신 백성들을 위해서 지혜를 구한 것입니다. 이것이 하나님의 마음을 흡족하게 한 것입니다.

하나님은 기뻐하시면서 솔로몬에게 그가 구한 지혜롭고 총명한 마음을 주실 뿐만 아니라 그가 구하지 아니한 부귀와 영광도 주시겠다고 약속하셨습니다(12~13절).

이처럼 하나님이 보시기에 이기심을 가지고 잘못된 동기로 구하는 기도는 하나님께서 응답하시지 않지만, 하나님이 기뻐하시는 뜻대로 구하는 기도는 반드시 응답하시고 때로는 구하지 아니한 것도 보너스로 주십니다.

그러므로 요한일서 5장 14절에서 "그를 향하여 우리가 가진 바 담대함이 이것이니 그의 뜻대로 무엇을 구하면 들으심이라"고 말씀하고 있습니다.

또한 솔로몬의 기도에서 우리가 배울 것은 하나님의 은혜에 대한 감사가 넘친다는 것입니다. 그는 자신의 아버지 다윗의 뒤를 이어 왕위에 앉게 되었을 때 하나님께 일천번제로 감사의 제사를 드렸습니다. 그 어떤 왕도 생각하지 못한 최고의 감사를 드린 것입니다.

하나님께서 그의 일천번제를 받으시고 그날 밤 꿈에 솔로몬에게 나타나 "내가 네게 무엇을 줄꼬 너는 구하라"고 하신 것입니다. 솔로몬이 먼저 구한 것이 아닙니다. 하나님이 먼저 그의 소원을 들어주겠다고 하신 것입니다.

그때도 솔로몬은 소원을 말하기 전에 먼저 하나님께서 그의 아버지 다윗과 그에게 베풀어 주신 은혜에 대해 감사를 드렸습니다(6절). 그 다음에 겸손히 지혜를 구했습니다.

솔로몬은 그에게 지혜와 부귀와 영광을 주시겠다는 하나님의 약속을 받은 다음 날, 바로 하나님 앞에 나아가 다시금 번제를 드리고 감사의 예물을 드렸습니다(15절). 솔로몬의 기도는 감사로 시작하여 감사로 이어지고 감사로 끝났습니다.

고린도후서 4장 15절에 "이는 모든 것이 너희를 위함이니

많은 사람의 감사로 말미암아 은혜가 더하여 넘쳐서 하나님께 영광을 돌리게 하려 함이라"고 말씀하고 있습니다. 하나님께 드리는 감사로 말미암아 하나님의 은혜가 더욱 넘친다는 것입니다.

사랑하는 성도 여러분!

기도는 우리가 하지만 응답은 하나님이 하십니다. 그러므로 우리가 기도할 때 명심할 것은 하나님께 감사하며, 주님의 기뻐하시는 뜻대로 구하는 것입니다. 언제나 우리 마음의 동기를 보시는 하나님께 넘치는 감사와 함께 그 기뻐하시는 뜻대로 기도할 때 반드시 응답받을 줄 믿습니다.

말씀 기도 ————————————————————

사랑의 하나님 아버지!
"범사에 감사하라 이것이 너희를 향하신 하나님의 뜻이라"는 말씀대로 우리의 기도에 감사의 마음이 넘치게 하시고 항상 주님의 뜻대로 기도하게 하소서. 예수님의 이름으로 기도합니다. 아멘.

여호와여 내게 응답하옵소서. 내게 응답하옵소서.
이 백성에게 주 여호와는 하나님이신 것과
주는 그들의 마음을 되돌이키심을 알게 하옵소서 하매
이에 여호와의 불이 내려서 번제물과 나무와 돌과
흙을 태우고 또 도랑의 물을 핥은지라(왕상 18:37~38).

확신을 가지고 기도하라

열왕기상 18:30~40

여호와여 내게 응답하옵소서

내게 응답하옵소서

이 백성에게 주 여호와는 하나님이신 것과

주는 그들의 마음을 되돌이키심을 알게 하옵소서 하매

이에 여호와의 불이 내려서 번제물과 나무와 돌과

흙을 태우고 또 도랑의 물을

핥은지라 (왕상 18:37~38)

오늘의 말씀은 그 유명한 엘리야의 기도입니다. 엘리야의 기도는 여호와와 바알 중에서 어느 신이 참 하나님인가를 놓고 대결하는 기도였습니다. 각각 제단 위에 송아지 한 마리를 잡아 나무 위에 올려놓고 자기가 믿는 신의 이름을 부르며 기도할 때 "불로 응답하는 신이 하나님이시다"라는 약속을 하고 기도의 대결을 벌였습니다.

그 결과 바알의 선지자들은 아침부터 저녁까지 바알을 부르며 기도했으나 아무 응답이 없었습니다. 그러나 엘리야가 기도하자 곧 여호와의 불이 내려서 번제물과 나무와 돌과 흙을 태우고 심지어 도랑의 물까지 핥았습니다.

이처럼 바알은 우상에 불과하기에 응답이 없었고 여호와는 참 하나님이시기에 엘리야의 기도에 응답하셨습니다. 우리는 엘리야의 기도를 배울 필요가 있습니다.

첫째, 엘리야는 무너진 기도의 제단을 다시 쌓았습니다 (30~31절).

당시 이스라엘 백성들은 바알을 섬기느라 기도의 제단이 무너져 있었습니다. 다시 말하면 하나님께 기도하는 것을 멈

추고 있었습니다. 그러므로 엘리야는 먼저 무너진 제단을 수축하되 이스라엘 12지파를 상징하는 열두 개의 돌을 취하여 기도의 제단을 쌓았습니다.

오늘 우리도 응답받는 기도를 하려면 먼저 준비하는 과정이 필요합니다. 그것은 바로 하나님과의 관계를 회복하는 과정입니다. 우리는 관계가 멀어진 사람에게 도움을 요청하기 어렵습니다. 그러므로 도움을 요청하려면 먼저 그 사람과의 관계를 회복하는 것이 우선입니다.

이처럼 우리들도 하나님께 기도하여 응답을 받으려면 먼저 하나님과 관계를 점검하고 멀어진 관계를 회복하는 과정이 필요합니다. 하나님과 무너진 관계를 회복해야 합니다. 그것은 바로 자신의 잘못을 돌아보고 회개하는 것입니다.

둘째, 엘리야는 확신을 가지고 기도했습니다(32~35절).
엘리야는 제단 위에 번제물로 송아지를 잡아 각을 떠서 올려놓았습니다. 그리고 통에 물을 채워다가 그 번제물과 나무 위에 부었습니다. 세 번씩이나 그렇게 하여 제단으로 하여금 물이 흐르게 하고 제단 둘레에 파 놓은 도랑에도 물이 가득하게 했습니다.

그 이유는 하나님이 불로 응답하실 줄 조금도 의심하지 않았기 때문입니다. 엘리야는 제단 위에 물을 붓는 행동으로 그 믿음을 보여 준 것입니다. 오늘 우리도 기도할 때 하나님이 반드시 응답하신다는 확신을 가지고 기도해야 합니다.

셋째. 엘리야는 하나님의 영광을 위해 기도했습니다(36~37절).
엘리야는 하나님께서 불로 응답하셔서 하나님이 이스라엘의 하나님이심과 엘리야 자신이 하나님의 종인 것과 자신이 주의 말씀대로 그 모든 일을 행하는 것을 지켜보는 모든 사람이 알게 해 달라고 기도했습니다.

또 하나님께서 백성들의 마음을 돌이키신다는 것을 알게 해 달라고 기도했습니다. 그는 하나님이 하나님 되심을 위하여, 그리고 이스라엘 백성들의 마음을 하나님께로 돌이키게 해 달라고 기도한 것입니다.

과연 하나님은 엘리야의 기도를 들으시고 불로 응답하셨습니다. 그리하여 하나님이 하나님 되심을 모든 백성에게 알게 하셨고, 모든 백성은 여호와가 하나님이심을 고백하고 하나님께로 돌이키게 되었습니다.

사랑하는 성도 여러분!

우리도 엘리야와 성정이 같은 사람이며, 엘리야의 하나님은 우리의 하나님이십니다. 우리도 하나님 앞에 무너진 기도의 제단을 쌓고, 확신을 가지고, 하나님의 영광을 목적으로 기도한다면 하나님은 반드시 응답하실 줄 믿습니다.

말씀 기도 ———————————————————

사랑의 하나님 아버지!

우리의 무너진 기도의 제단을 다시 쌓게 하소서. 그리하여 주님과의 관계를 회복하고 확신 가운데 기도하게 하소서. 예수님의 이름으로 기도합니다. 아멘.

영안을 뜨게 해 달라고 기도하라

열왕기하 6:13~17

기도하여 이르되 여호와여 원하건대

그의 눈을 열어서 보게 하옵소서 하니

여호와께서 그 청년의 눈을 여시매 그가 보니

불말과 불병거가 산에 가득하여

엘리사를 둘렀더라(왕하 6:17)

기도는 육안으로 볼 수 없는 영적 세계를 볼 수 있는 눈을 뜨게 합니다.

아람 왕의 군대가 하나님의 사람 엘리사를 잡기 위해 엘리사가 머물고 있는 도단 성을 포위했습니다. 그러나 엘리사는 조금도 두려워하지 않았습니다.

그에게는 영적 세계를 보는 영적인 통찰력이 있어서 아람 군대보다 더 강한 하늘의 천군이 이끄는 불말과 불병거가 엘리사를 둘러싸고 보호하고 있는 것을 보았기 때문입니다.

엘리사에게는 어떻게 그런 영적인 통찰력 있었을까요? 그는 하나님의 선지자로서 기도의 사람이었습니다. 그는 매일 기도로 영성을 쌓았으며 오랜 시간 기도했고, 점점 더 깊은 기도의 세계로 들어가는 영성 훈련을 했습니다.

그뿐만 아니라 그 스승 엘리야의 영감의 갑절을 얻기를 간절히 소원했던 사람입니다. 그런 그에게 하나님께서 영의 세계를 볼 수 있는 영안을 주신 것입니다.

그러나 엘리사의 사환은 그런 영적인 통찰력이 없었습니다. 그의 눈에는 성을 에워싸고 있는 아람 군대의 군사와 말과 병거만 보였습니다. 그래서 그는 두려움에 떨었습니다.

엘리사는 하나님께 사환의 영안을 열어 보게 해 달라고 기도했습니다. 하나님께서 그의 기도에 응답하시고 사환의 영안을 열어 하늘 군대를 보게 해 주셨습니다. 그제야 사환은 안심하게 되었습니다.

우리는 엘리사와 그의 사환을 통해서 영적인 눈이 열린 사람과 열리지 않은 사람의 차이를 볼 수 있습니다. 영안이 열린 사람은 하나님이 함께 하심을 보기에 두려움이 없으나 닫힌 사람은 두려워합니다.

두려우면 아무것도 할 수 없습니다. 여리고 성을 정탐했던 열두 사람 중의 열 사람의 눈에는 크고 견고한 여리고 성과 거인족의 후손인 기골이 장대한 아낙 자손들만 보였습니다. 그래서 두려웠습니다. 그 두려움은 그들에게 싸울 의지를 꺾어 버렸고, 낙심과 좌절을 주었습니다.

두 사람, 여호수아와 갈렙은 달랐습니다. 같은 여리고 성과 적들을 보았지만 전혀 두려워하지 않았습니다. 오히려 저 사람들은 우리의 밥이라고 말했습니다. 그 이유가 무엇일까요? 그것은 적들보다 크고 강하신 하나님을 바라보는 믿음이 눈이 있었기 때문입니다.

이 믿음의 눈은 엘리사에게 있었던 영적인 눈과는 비교가 되지만, 이 믿음의 눈 역시 영안입니다. 그 이유는 육신의 눈에 보이지 않지만, 하나님이 함께 하심을 눈으로 보는 듯이 믿게 되기 때문입니다.

오늘 우리는 엘리사와 같은 영적인 통찰력을 가질 수는 없을지 모르나 여호수아와 갈렙에게 있었던 영안은 뜰 수 있습니다. 엘리사가 하나님께 사환의 눈을 열어 보게 해달라고 기도하자 하나님께서 그의 눈을 열어 보게 하셨습니다. 우리는 이 영안을 뜨게 해 달라고 기도해야 합니다.

사랑하는 성도 여러분!
세상은 우리의 육신이 눈에 보이는 것이 전부가 아닙니다. 영적인 세계가 있습니다. 오늘 우리도 영적 전쟁에서 승리하려면 영적인 통찰력을 길러야 합니다.

오늘 우리도 매일 말씀과 기도로 하나님과 교제하는 영성 생활에 힘쓰며 영안을 뜨게 해 달라고 기도하면 우리의 영안을 뜨게 하실 줄 믿습니다.

말씀 기도 ─────────────────────────────

사랑의 하나님 아버지!
영적인 눈, 믿음이 눈을 뜨기를 소원합니다. 우리가 주님의 말씀과 기도로 주님과 교제할 때 우리의 영성이 깊어지게 하시고, 우리의 영안이 열리게 하소서. 예수님의 이름으로 기도합니다. 아멘.

포기하지 말고 기도하라

열왕기하 20:1~7

히스기야가 낯을 벽으로 향하고 여호와께 기도하여 이르되

여호와여 구하오니 내가 진실과 전심으로 주 앞에 행하며

주께서 보시기에 선하게 행한 것을 기억하옵소서 하고

히스기야가 심히 통곡하더라(왕하 20:2~3)

히스기야는 사망 선고를 받은 후에 포기하지 않고 기도했습니다. 그는 죽을병에 걸렸고 하나님은 그가 죽고 살지 못할 것이라고 하시며 그의 집을 정리하라고 말씀하셨습니다. 인간의 생사를 주관하시는 하나님께서 그렇게 말씀하시니 운명으로 받아들일 수밖에 없습니다.

그러나 히스기야는 그 운명조차도 하나님의 손에 달렸음을 믿고 포기하지 않고 하나님께 매달렸습니다. 당시 그의 나이는 39세에 불과했기 때문입니다. 그래서 그는 이사야 선지자로부터 죽을 운명이라는 말을 듣자마자 낯을 벽으로 향하고 오직 하나님만 바라보고 기도하기 시작했습니다(3절).

그의 기도는 절규와 통곡으로 바뀌었고 밤을 지새우며 부르짖었습니다(2~3절, 사 38:9~20). 하나님께서 그의 기도를 들으셨고, 그의 눈물을 보셨습니다. 그리고 그를 낫게 하시고, 그의 생명을 십오 년 연장해 주셨습니다(5~6절). 이처럼 우리가 포기하지 않으면 운명도 바꿀 수 있습니다.

히스기야의 운명을 바꾸는 기도는 어떤 기도였을까요?

첫째는 죽음 앞에서도 포기하지 않고 기도했습니다. 그것은 인간의 생사를 주관하시는 하나님의 절대 주권을 믿었기 때문입니다.

둘째는 오직 생명의 주가 되시는 하나님만 바라보고 기도했습니다. 그가 오직 벽을 마주하고 기도한 것은 그 누구도 그 어떤 것도 의지하지 않고 오직 하나님을 의지하고 기도했다는 것입니다.

그는 앗수르 군대 18만 5천 명이 예루살렘을 포위하여 풍전등화와 같은 상황에서 오직 하나님만 의지하고 기도하여 응답받은 경험이 있었습니다. 그런 경험이 있기에 그는 오직 하나님만 바라보고 기도한 것입니다.

셋째는 하나님 앞에 자신이 충성한 선행을 봐서라도 살려 달라고 기도했습니다(3절). 그는 과연 하나님 보시기에 다윗에 버금가는 선한 왕이라는 평가를 받았습니다.

그는 우상을 철폐하여 종교개혁을 단행했고, 또한 나라의 주권을 하나님께 맡기고 하나님만 의지하고 하나님과 연합하여 나라를 다스렸습니다. 그리고 하나님의 계명을 잘 지켰습니다(왕하 18:3~6).

하나님은 그런 히스기야의 기도를 들으시고 그에게 은혜를 베푸시고 십오 년의 생명을 연장해 주셨습니다. 그리하여 히스기야는 39세의 젊은 나이에 생을 마감할 뻔하였으나 15년의 인생을 덤으로 사는 복을 받게 되었습니다.

사랑하는 성도 여러분!
히스기야의 포기하지 않는 기도, 오직 하나님만을 믿고 의지하는 기도가 하나님의 마음을 움직이고 응답을 받았습니다. 오늘 우리도 포기하지 않고 끝까지 기도할 때 응답해 주실 줄 믿습니다.

말씀 기도 ────────────

사랑의 하나님 아버지!
주님은 우리의 기도를 들으시고 우리의 눈물을 보시고 응답하심을 믿습니다. 무슨 일을 당해도 포기하지 않고 기도하게 하소서. 예수님의 이름으로 기도합니다. 아멘.

분명한 목표를
가지고 기도하라

느헤미야 1:1~11

주여 구하오니 귀를 기울이사 종의 기도와

주의 이름을 경외하기를 기뻐하는 종들의 기도를 들으시고

오늘 종이 형통하여 이 사람 앞에서 은혜를 입게 하옵소서

하였나니 그때에 내가 왕의 술 관원이

되었느니라(느 1:11)

우리는 기도할 때 하나님께서 무엇을 해 주시기를 원하는 지 분명한 목표를 가지고 기도해야 합니다. 느헤미야는 전쟁으로 인해 파괴된 예루살렘 성벽을 건축할 목표를 가지고 기도했습니다.

그 당시 이스라엘 민족은 포로 생활 중이었고 1, 2차 포로 귀환이 있고 난 뒤였습니다. 백성들이 포로에서 돌아와 보니 성벽은 전쟁 때 무너진 채로 방치되어 있었고, 땅은 황폐하였으며, 그로 인해 백성들은 이방인들의 약탈을 당하는 등 비참한 삶을 살고 있었습니다.

그때 바사국의 고위직인 왕의 술관원이 되어 있던 느헤미야는 고국의 소식을 듣고 슬퍼하며 하나님께 금식하며 기도하기 시작합니다. 그의 기도의 목표는 무너진 예루살렘 성벽을 재건하는 것이었습니다.

그 일을 하려면 먼저 왕의 허락이 있어야 했습니다. 그래서 그는 왕이 그 일을 허락해 주도록 하나님께 기도한 것입니다. 그는 그것을 목적으로 이렇게 기도했습니다.

분명한 목표를 가지고 기도하

"오늘 종이 형통하여 이 사람 앞에서 은혜를 입게 하옵소서"(11절).

여기서 '이 사람'은 당시 그가 모시고 있던 아닥사스다 왕을 가리킵니다. 그 왕에게 은혜를 입고 예루살렘 성벽 재건을 허락받게 해 달라고 기도한 것입니다. 이처럼 느헤미야의 기도는 매우 명확하고 구체적인 목표가 있었습니다.

그는 기도를 마친 후에 왕으로 나아가자, 하나님께서 왕의 마음을 움직이시고 느헤미야가 기도한 것을 모두 허락하게 해 주셨습니다. 왕의 은혜를 입게 해 달라고 기도한 대로 왕은 성벽 재건에 필요한 모든 것을 후원해 주었습니다(2장).

그리하여 느헤미야는 고국으로 돌아가고자 하는 백성들과 함께 3차 포로 귀환의 지도자가 되어 예루살렘으로 돌아와서 그렇게도 소원하던 예루살렘 성벽을 건축하는 데 성공하게 되었습니다.

이처럼 기도는 하나님의 응답으로 왕도 움직이고 불가능한 일을 할 수 있게 합니다.

느헤미야의 기도

사랑하는 성도 여러분!

느헤미야는 구체적인 분명한 목표를 가지고 기도하여 응답을 받았습니다. 물론 응답받기까지는 그의 간절한 기도가 있었습니다.

하나님의 도성이라고 하는 예루살렘 성의 안타까운 현실을 가슴으로 느끼며 눈물로 금식까지 하며 기도했고, 백성들의 죄를 회개하며 기도했고, 하나님의 약속을 근거로 기도했습니다(4~11절).

이 느헤미야의 기도는 응답받는 기도의 모범이라고 할 수 있습니다. 오늘 우리도 느헤미야의 기도 원리대로 기도할 때 하나님께서 형통하게 해 주실 줄 믿습니다.

말씀 기도 ————————————————————

사랑의 하나님 아버지!
우리로 하여금 느헤미야의 기도의 모범을 따라 기도하게 하시고 주님의 은혜를 받게 하소서. 예수님의 이름으로 기도합니다. 아멘.

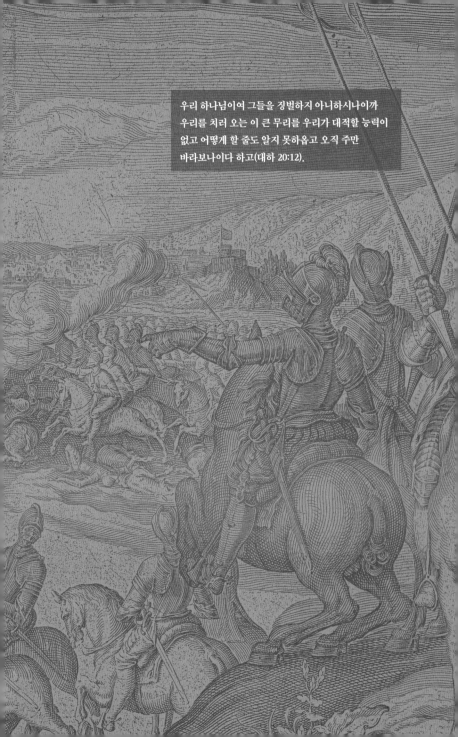

우리 하나님이여 그들을 징벌하지 아니하시나이까 우리를 치러 오는 이 큰 무리를 우리가 대적할 능력이 없고 어떻게 할 줄도 알지 못하옵고 오직 주만 바라보나이다 하고(대하 20:12).

무엇보다 기도를 먼저 하라

역대하 20:1~13

우리 하나님이여 그들을 징벌하지 아니하시나이까

우리를 치러 오는 이 큰 무리를 우리가 대적할 능력이 없고

어떻게 할 줄도 알지 못하옵고 오직 주만

바라보나이다(대하 20:12)

여호사밧은 유다의 4대 왕입니다. 그는 히스기야와 같이 전심으로 하나님을 경외하는 왕이었습니다. 그는 전국의 모든 우상을 제거하고 레위인들로 하여금 백성들에게 성경을 가르치게 하며 하나님의 계명을 지키는 데 힘썼습니다 (17:1~9).

그렇게 하나님의 뜻대로 살려고 애쓰는 여호사밧은 하나님의 축복으로 부국강병을 이루었으며 부귀와 영광을 크게 떨쳤습니다(18:1).

그러나 주님의 뜻대로 살려고 하는 그에게도 큰 위기가 닥쳐왔습니다. 모압과 암몬 그리고 마온 족속이 연합하여 막강한 군대를 이끌고 유다를 치러 온 것입니다(20:1).

오늘 우리도 주님의 뜻대로 살려고 애를 써도 환난과 위기가 찾아올 때가 있습니다. 이런 위기를 만날 때 성도가 가장 우선적으로 할 일은 하나님께 구원을 요청하는 일입니다.

여호사밧에게도 116만 명의 용사가 있었습니다(17:13~19). 그러나 그는 먼저 군대를 움직이거나 군사작전을 세우지 않았습니다. 그보다 먼저 하나님을 향하여 기도했습니다. 백성들에게 금식을 선포하고 백성들과 합심하여 기도했습니다(3~4절).

오늘 우리도 문제와 위기를 바라보지 말고 먼저 하나님을 바라봐야 합니다. 문제를 바라보면 두렵기만 합니다. 그 문제와 위기를 해결하실 하나님을 바라보아야 합니다. 그러므로 인간적인 방법을 강구하기 전에 먼저 하나님께 기도해야 하는 것입니다.

또한 여호사밧은 하나님의 약속을 근거로 기도했습니다. "환난 가운데에서 주께 부르짖은즉 들으시고 구원하시리라 하셨나이다"(9절하)라고, 하나님의 약속을 상기하며 기도했습니다.

그리고 12절에서 "우리를 치러 오는 이 큰 무리를 우리가 대적할 능력이 없고 어떻게 할 줄도 알지 못하옵고 오직 주만 바라보나이다"라고, 오직 주님만 바라보고 기도했습니다.

느헤미야의 기도와 많이 닮지 않았습니까? 오직 하나님을 바라보고, 하나님의 약속을 근거로 기도한 것입니다. 우리

하나님은 신실하신 분이십니다. 약속은 반드시 지키시는 분이십니다. 그러므로 우리도 기도할 때 하나님의 약속을 근거로 기도해야 합니다.

여호사밧이 그렇게 기도할 때 하나님의 영이 레위 사람 야하시엘에게 임하여 하나님의 응답의 말씀이 왔습니다. 그것은 15, 17절에 기록되어 있습니다. "너희는 이 큰 무리로 말미암아 두려워하거나 놀라지 말라 이 전쟁은 너희에게 속한 것이 아니요 하나님께 속한 것이니라." "너희와 함께한 여호와가 구원하는 것을 보라 두려워 말며 놀라지 말고 그들을 맞서 나가라."

여호사밧은 하나님의 응답의 말씀을 듣고 승리를 확신했습니다. 그리하여 찬양대를 조직하고 군대 앞에 세워 큰 소리로 찬송하며 적진을 향해 나아가게 했습니다(19~21절). 찬송이 시작될 때 하나님께서 적진에 복병을 두어 적들을 치게 하시므로 여호사밧의 군대가 대승리를 거두었습니다(22~23절).

여호사밧의 기도의 특이한 점은 승리를 확신하고 찬송하며 나아갔다는 것입니다. 바울과 실라도 옥중에서 기도하며 찬

무엇보다 기도를 먼저 하라

미할 때 지진이 일어나고 옥 터가 움직이고 착고가 풀어지고 옥문이 열리는 역사가 일어났습니다.

기도는 영적 전쟁입니다. 기도의 승리가 삶의 현장에서 승리를 가져옵니다. 그러므로 위기 극복을 위한 기도는 전투적으로 해야 합니다. 최선을 다해야 합니다.

사랑하는 성도 여러분!
여호사밧의 기도의 특징은 위기를 만났을 때 최우선으로 한 것은 인간적인 방책을 세운 것이 아니라 기도를 먼저 했다는 것입니다. 그리고 승리를 확신하고 찬송하며 나아갔다는 것입니다.

오늘 우리도 위기와 문제를 만날 때 두려워하지 말고 기도하고 찬송하며 나아갈 때 하나님의 영광이 나타나고 승리할 줄 믿습니다.

여호사밧의 기도

말씀 기도 ─────────────────────────────

사랑의 하나님 아버지!

위기와 문제를 만날 때 두려워하지 말고 먼저 하나님을 바라보고 기도하게 하소서. 하나님께서 응답하실 줄 믿고 찬송하며 나아가게 하소서. 예수님의 이름으로 기도합니다. 아멘.

애통하며 기도하라

예레미야 32:1~17

슬프도소이다 주 여호와여 주께서

큰 능력과 펴신 팔로 천지를 지으셨사오니

주에게는 할 수 없는 일이

없으시니이다(렘 32:17)

눈물의 선지자로 알려진 예레미야는 유다 말기의 예언자입니다. 그는 유다가 바벨론에 의해 멸망할 것을 예언한 죄로 체포되어 왕의 궁중에 있는 시위대 뜰에 갇혀 있었습니다. 그러나 그의 예언대로 바벨론 군대가 와서 예루살렘을 포위했습니다.

그때 하나님이 예레미야에게 말씀하시기를 그의 숙부의 아들 하나멜의 소유인 아나돗에 있는 밭을 사라고 하셨습니다. 나라가 바벨론에 망할 판국에 땅을 사라는 것은 선뜻 이해가 되지 않는 일이었지만 예레미야는 하나님의 말씀에 순종하여 그 밭을 샀습니다.

하나님께서 그에게 밭을 사라고 하신 것은 지금은 비록 유다가 바벨론에 의해 멸망하고 백성들은 포로로 잡혀가지만, 때가 되면 하나님께서 그들을 포로에서 귀환시키시고 그들의 나라를 회복하실 것이라는 하나님의 뜻을 보여 주는 하나의 보증이었습니다.

예레미야는 하나님의 뜻에 순종하여 밭을 산 후에 하나님께 이렇게 기도했습니다. "슬프도소이다. 주 여호와여 주께

애통하며 기도하라

서 큰 능력과 펴신 팔로 천지를 지으셨사오니 주에게는 할 수 없는 일이 없으시니이다.”

예레미야는 “슬프도소이다 주 여호와여”라고 하고 애통하는 마음으로 기도했습니다. 예레미야가 애통하는 마음으로 기도한 이유는 세 가지입니다.

첫째는 유다의 멸망으로 인해 동족들이 당하게 될 환난과 자손들의 암담한 미래를 생각할 때 슬프지 않을 수가 없었습니다.

둘째는 그런 환난과 고통의 원인이 다른 데 있는 것이 아니라 유다 백성들의 죄로 인한 하나님의 심판이기에 더욱 슬펐습니다.

셋째는 그럼에도 불구하고 죄를 깨닫지 못하는 백성들을 생각하니 그것이 더욱 마음이 아팠습니다.

하나님께서는 예레미야와 같은 선지자들을 통해 유다 왕과 백성들에게 하나님을 떠나 우상을 숭배하며 하나님의 계명을 어기며 죄악을 일삼는 그 악한 길에서 돌이키라고 누차 말씀하셨지만, 그들은 듣지 않았습니다.

최후의 통첩으로 회개하지 않으면 심판을 받아 나라가 멸망을 하고 70년간 바벨론 포로 생활을 하게 될 것이라고 경고하셨습니다. 그럼에도 불구하고 그들은 마음이 완고하고 교만하여 그 마지막 회개의 기도마저 저버리고 말았습니다.

그러니 나라와 민족을 위해 눈물로 기도하던 예레미야의 마음이 얼마나 슬프고 아팠겠습니까? 그래서 그는 "슬프도소이다 주 여호와여"라고 하고 애통하는 마음으로 기도한 것입니다.

결국, 유다 왕국이 바벨론의 침략으로 멸망하고 많은 사람이 전쟁으로 죽고, 살아남은 사람들은 포로로 끌려가서 70년 동안 괴로움을 당하며 자손들에게는 암담하고 슬픈 미래를 물려주게 된 것은 바로 죄를 지으면서도 죄를 모르고, 하나님의 말씀을 듣고서도 깨닫지 못한 데 있었습니다.

유다 백성들이 하나님의 말씀을 듣고 자기 죄를 슬퍼하며 회개하기만 하였더라면 그런 환난과 고통을 당하지 않아도

애통하며 기도하라

되었을 것입니다. 바벨론이 쳐들어와서 예루살렘을 포위했을지라도 하나님께서 '큰 능력과 펴신 팔로' 능히 구원하셨을 것입니다.

히스기야 왕 시대에는 강대국 앗수르 군대가 예루살렘을 에워싸서 풍전등화와 같은 위기 상황을 만났으나 하나님을 경외하는 히스기야가 신하들과 함께 하나님 앞에 엎드려 눈물로 기도하자 하나님께서 밤새 하늘의 천군을 보내어 적군 18만 5천 명을 섬멸하셨습니다.

또한 여호사밧 왕 시대에도 모압과 암몬, 마온 세 족속 연합군이 쳐들어왔어도 왕이 온 백성들과 함께 금식하며 기도하자 하나님께서 전쟁에 개입하시고 적들을 전멸시켜 주셨습니다.

예레미야는 그런 역사를 익히 알고 있었기에 당시 시드기야 왕과 백성들이 회개를 촉구하시는 하나님의 경고를 받고도 회개할 줄 몰라서 결국, 나라가 망하게 되었으니 얼마나 애통했겠습니까?

사랑하는 성도 여러분!

하나님은 그의 택하신 백성을 결코 버리지 아니하시지만 죄는 미워하십니다. 그러므로 하나님의 백성 된 우리는 예레미야의 애통하는 기도를 본받아야 합니다.

우리 자신뿐만 아니라 이 땅에 살아가는 하나님의 백성들이 하나님의 말씀을 떠나 각자 자기 소견에 좋은 대로 살아가면서도 자기 죄를 깨닫지 못하는 것을 볼 때 예레미야처럼 애통하며 눈물로 기도해야 할 것입니다.

말씀 기도

사랑의 하나님 아버지!
영적인 불감증에 걸려 하나님의 뜻대로 살지 않고 자기 뜻대로 살아가는 주의 백성들을 긍휼히 여겨 주소서. 하나님의 말씀 앞에 자신의 죄를 깨닫고 슬퍼하며 회개하게 하소서. 그리하여 이 땅에 재앙이 임하지 않게 하소서. 예수님의 이름으로 기도합니다. 아멘.

승부를 거는 기도를 하라

에스더 4:1~17

당신은 가서 수산에 있는 유다인을 다 모으고

나를 위하여 금식하되 밤낮 삼 일을 먹지도 말고

마시지도 마소서 나도 나의 시녀와 더불어 이렇게 금식한 후에

규례를 어기고 왕에게 나아가리니

죽으면 죽으리이다 하니라(에 4:16)

흔히 있는 일은 아니지만 기도 외에는 할 수 있는 일이 없을 때가 있습니다. 유다인이 바벨론 포로 이후에 바사 즉 페르시아 제국에 흩어져서 살 때 일어난 일입니다.

당시 황제의 총애를 한 몸에 받으면서 총리의 자리에 있던 하만이란 자가 대궐 문지기로 있는 모르드개라는 한 유다인이 자신이 궁궐을 출입할 때 엎드려 절을 하지 않는다는 이유로 분노하며 모르드개와 함께 모든 유다인을 한날한시에 죽이기로 결심하고 황제의 허락을 받고 어인이 찍힌 조서를 페르시아 각 도에 보냈습니다.

그 조서의 내용은 누구든지 페르시아 제국에 사는 유다인들을 다 죽이고 그 재산을 탈취하라는 것이었습니다. 조서를 발표한 날은 1월 13일이었고, 그 계획을 시행하는 날은 그해 12월 13일로 정해져 있습니다. 11개월 후면 모든 유다인이 한 날에 다 도륙을 당할 처지가 되었습니다.

이 기가 막힌 사실을 가장 먼저 안 유다인은 대궐 문지기로 있는 모르드개였습니다. 그는 자기 옷을 찢고 굵은 베 옷을 입고 재를 뒤집어쓰고 성 중에 나가서 대성통곡했습니다. 그

뿐만 아니라 전국에 왕의 조서가 전달되는 곳마다 유다인들이 애통하며 금식하며 하나님께 부르짖었습니다.

그 소식이 당시 왕후 에스더에게 전해졌습니다. 왕후 에스더는 모르드개의 삼촌의 딸이었는데 모르드개가 자기의 딸처럼 키워서 왕후의 자리에까지 가게 했습니다. 모르드개는 에스더에게 있어서 사촌 오빠이자 부모와 같은 존재였습니다.

그래서 사람을 모르드개에게 보내어 사연을 물어보았더니 총리 하만이 음모를 꾸며 모든 유다인이 한 날에 모두 살육을 당하게 되었다는 충격적인 소식과 함께 왕에게 나아가 이 사실을 알리고 자기 민족을 위해 간절히 구하라는 부탁을 했습니다.

그러나 페르시아의 법은 왕의 신변의 안전을 위해서 누구든지 왕이 부르기 전에 왕에게 나아가면 사형에 처하게 되어 있었습니다. 그러므로 왕이 부르기 전에 나아갔을 때는 왕이 손에 들고 있는 규를 내밀어야 살 수 있었습니다.

에스더의 기도

그런데 에스더가 왕의 부름을 받은 지가 삼십 일이나 되었습니다. 그러므로 동족을 구하기 위하여 왕 앞에 먼저 나갔을 때 왕이 규를 내밀면 살 것이지만 내밀지 않으면 죽은 목숨이나 마찬가지였습니다. 에스더는 그 사실을 모르드개에게 전했습니다.

그러자 모르드개가 다시 답을 보내기를 "너는 왕궁에 있으니 모든 유다인 중에 홀로 목숨을 건지리라 생각하지 말라. 이때 네가 만일 잠잠하여 말이 없으면 유다인은 다른 데로 말미암아 놓임과 구원을 얻으려니와 너와 네 아버지 집은 멸망하리라 네가 왕후의 자리를 얻은 것이 이때를 위함이 아닌지 누가 알겠느냐"라고 합니다(13~14절).

모르드개의 이 말이 왕후 에스더의 마음을 움직였습니다. 그 말이 아마 하나님의 음성처럼 들렸을 것입니다. 에스더는 자기 동족 유다인을 구하기 위하여 자기 목숨을 던질 각오를 하고 이렇게 답을 보냈습니다.

"당신은 가서 수산에 있는 유다인을 다 모으고 나를 위하여 금식하되 밤낮 삼 일을 먹지도 말고 마시지도 마소서 나도 나의 시녀와 더불어 이렇게 금식한 후에 규례를 어기고 왕에게 나아가리니 죽으면 죽으리이다"(16절).

모든 유다인을 죽이려고 하는 대적 하만의 음모와 흉계에 대해 승부를 거는 기도를 하겠다는 것입니다.

거듭 말하지만, 기도는 영적 전쟁입니다. 기도의 승리가 삶의 현장에서 승리입니다. 아말렉과의 전쟁에서 모세가 기도로 승리했고, 앗수르와의 전쟁에서도 히스기야의 기도로 승리했고, 모압과 암몬과 마온 연합군과의 전쟁에서도 여호사밧의 기도로 승리했습니다.

에스더 역시 하만과의 전쟁에서 기도로 승부를 걸었습니다. 왕궁이 있는 수산 성에 사는 모든 유다인을 다 모아서 자신을 위해 삼일 동안 금식기도를 하게 하고, 자신도 시녀와 더불어 삼일 금식기도를 하고 규례를 어기고 왕에게 나아가기로 결단했습니다.

그렇게 승부수를 던지고 삼일 동안 금식하며 하나님께 결사적이 기도를 한 후에 왕 앞에 나아갔습니다. 하나님께서 왕의 마음을 감동케 하셔서 왕이 한 달 만에 나타난 에스더를 보자 매우 사랑스럽게 보였고 손에 잡았던 금 규를 내밀었습니다.

그때부터 대역전 드라마가 펼쳐지면서 과거 왕을 살린 모르드개의 공적이 드러나고, 하만의 음모와 흉계가 밝혀지고, 죽을 뻔했던 모르드개와 유다인이 다 살고, 반면에 하만과 그의 동족이 도리어 유다인에게 죽음을 당하게 되었습니다. 그리고 모르드개는 총리의 자리에 오르고 그 덕분에 유다인은 큰 혜택을 받으며 살게 되었습니다.

사랑하는 성도 여러분!
우리의 대적이 아무리 강하다고 해도 우리의 기도를 당해 낼 수 없습니다. 승부를 건 강력한 기도가 하나님으로 하여금 일하게 하십니다. 승부를 건 강력한 기도는 반전을 일으키고 대역전 드라마를 쓰게 합니다. 어떤 대적을 만나더라도 승부를 건 기도로 늘 승리하시기 바랍니다.

말씀 기도 ────────────────────────────

사랑의 하나님 아버지!

악한 대적이 우리를 공격할 때 두려워 말고 능력의 하나님을 믿고 승부를 거
는 기도로 승리하게 하소서. 예수님의 이름으로 기도합니다. 아멘.

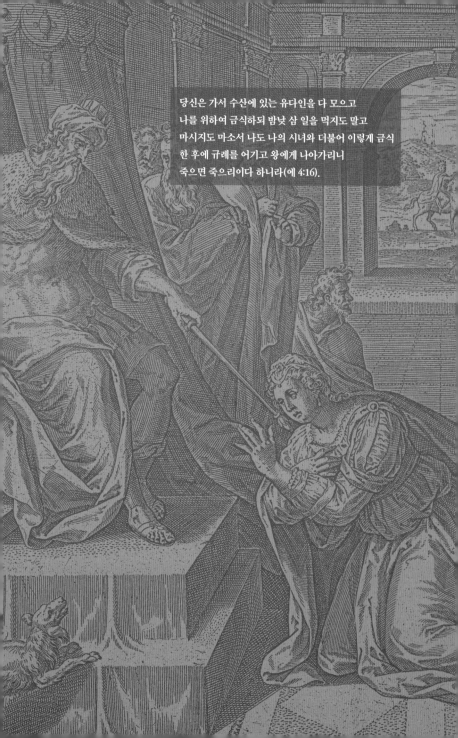

당신은 가서 수산에 있는 유다인을 다 모으고
나를 위하여 금식하되 밤낮 삼 일을 먹지도 말고
마시지도 마소서 나도 나의 시녀와 더불어 이렇게 금식
한 후에 규례를 어기고 왕에게 나아가리니
죽으면 죽으리이다 하니라(에 4:16).

전천후 신앙으로
기도하라

다니엘 6:1~10

다니엘이 이 조서에 왕의 도장이 찍힌 것을 알고도

자기 집에 돌아가서는 윗방에 올라가

예루살렘으로 향한 창문을 열고 전에 하던 대로

하루 세 번씩 무릎을 꿇고 기도하며

그의 하나님께 감사하였더라(단 6:10)

다니엘의 기도는 전천후 신앙의 기도입니다. 그는 어떤 기도 제목이 있어서 필요에 따라 하는 기도가 아니라, 비가 오나 눈이 오나 상관없이 기도했습니다. 기도 생활 자체가 그의 신앙이었습니다.

항상 하나님 앞에 무릎 꿇는 신앙보다 더 강한 신앙이 없고 더 강력한 기도도 없습니다. 다니엘을 다니엘 되게 한 것은 바로 그의 전천후 기도 생활에 있었습니다. 그의 기도가 하나님과 함께하는 삶이 되었고, 하나님의 은혜로 그는 악조건 속에서도 승승장구했습니다.

그는 비록 포로민 출신이었지만 바벨론의 고위 관직 120명 위의 최고위직 총리 셋 중 한 사람이었습니다(2절). 그는 마음이 민첩하여 다른 총리들이나 고관들보다 뛰어났습니다. 그리하여 왕은 그를 세워 전국을 다스릴 계획을 했습니다(3절).

이는 하나님께서 늘 기도하는 다니엘과 함께하시고 그에게 지혜와 총명을 주셨기 때문입니다. 다니엘은 자신의 탁월함 때문에 바벨론 사람들에게 시기와 질투의 대상이 되었습니다.

전천후 신앙으로 기도하라

120명의 고관과 총리들이 다니엘을 넘어뜨리려고 정치적으로 연합하여 왕에게 나아가 한 가지 법률을 만들어야 한다고 제안하게 됩니다. 그것이 바로 30일간 왕 외에 어떤 신에게도 기도하는 일을 금하는 것이었고, 그 법을 어기는 자는 사자 굴에 던지기로 했습니다. 결국, 그 법은 만들어지고 왕명으로 전국에 공포되었습니다.

다니엘은 그 법이 공포된 것을 누구보다 잘 알고 있었습니다. 그러나 다니엘의 신앙은 변함이 없었습니다. 여전히 전에 하던 대로 자신이 늘 기도하는 다락방에 올라가서 예루살렘을 향하여 창문을 열고 하루에 세 번씩 기도하며 하나님께 감사했습니다.

그는 기도함에 있어서 조금도 주저함이 없었습니다. 사자 굴의 위협도, 죽음의 위협도, 그의 신앙을 흔들 수 없었습니다. 그는 여전히 기도했고, 여전히 감사했습니다. 예루살렘을 향한 그의 기도는 이스라엘이 회복되기를 바라는 그의 간절한 기도였고, 그의 감사 또한 그의 신앙의 고백이었습니다.

"항상 기뻐하라 쉬지 말고 기도하라 범사에 감사하라 이것이 우리를 향하신 하나님의 뜻이니라"(살전 5:16~18)고 했듯이, 다니엘은 그의 일상이 하루 세 번씩 어김없이 하나님께 기도하고, 감사하는 것이었습니다.

그가 드린 감사의 신앙 그대로 하나님은 그의 기도에 응답하시고 사자의 입을 봉하시고(22절) 그를 구원해 주셨습니다. 그리고 그의 원수들을 사자의 밥이 되게 하시고(24절), 그의 앞날을 더욱 형통하게 해 주셨습니다(28절).

사랑하는 성도 여러분!
오늘 우리도 다니엘의 전천후 기도를 배워 하루 세 번 기도, 세 번 감사를 드린다면 다니엘과 같은 깊은 신앙으로 성장하고 하나님이 함께하시는 형통하고 승리하는 삶이 될 줄 믿습니다.

말씀 기도 ────────────────────────

사랑의 하나님 아버지!
다니엘을 기도 생활을 모델로 삼게 하소서. 전천후 신앙으로 하나님을 높이며 날마다 승리하게 하소서. 예수님의 이름으로 기도합니다. 아멘.

전천후 신앙으로 기도하라

규칙적인
기도 생활을 하라

사도행전 3:1~10

제 구 시 기도 시간에 베드로와

요한이 성전에 올라갈새(행 3:1)

사도 바울은 그의 사랑하는 제자 디모데에게 "경건의 모양은 있으나 경건의 능력은 부인하는 자들에게서 돌아서라"(딤후 3:5)고 당부했습니다. 이 말은 그들을 본받지 말라는 말인 동시에 경건의 능력을 얻도록 힘쓰라는 뜻입니다.

이 말을 기도에 적용하면 기도의 모양만 갖추지 말고 기도의 능력을 얻도록 힘써야 한다는 말입니다. 실로 기도는 많이 하는 데 응답을 잘 못 받는 사람이 있는가 하면, 기도하면 응답을 잘 받는 사람이 있습니다. 그것은 바로 기도의 능력의 차이입니다.

우리는 엘리야나 다니엘처럼 능력 있는 기도의 사람이 되어야 합니다. 어떻게 하면 능력 있는 기도의 사람이 될 수 있을까요?

그것은 바로 규칙적인 기도 생활을 하는 것입니다. 능력 있는 기도의 사람들의 공통점은 자신의 기도처가 정해져 있고, 매일 규칙적으로 기도하는 특징을 가지고 있습니다.

다니엘은 포로 생활 중에도 자기 집 윗방을 기도의 골방으

규칙적인 기도 생활을 하라

로 정하고, 매일 세 번씩 정시 기도 시간을 가졌습니다. 기도하면 사자 굴에 던져질 줄 알면서도 그 기도를 포기하지 않았습니다. 그 기도가 사자 굴에서도 살아남게 하였습니다.

사도 바울 역시 전도 여행 중에도 가는 곳마다 기도할 장소를 찾아 규칙적인 기도 생활을 했습니다. 빌립보에 도착했을 때 제일 먼저 찾은 것이 기도처를 찾는 일이었고, 다음 날 기도처로 가는 중에 점치는 귀신 들린 여자를 만나 "예수 그리스도의 이름으로 내가 네게 명하노니 그에게서 나오라"고 하자 귀신이 즉시 쫓겨 나가는 능력이 나타났습니다.

베드로는 요한과 함께 제 구 시 기도 시간에 기도하러 성전에 들어가던 중에 성전 미문에 앉은 태어날 때부터 걷지 못하는 사람을 보고 "나사렛 예수 그리스도 이름으로 일어나 걸으라"고 하고, 그 사람의 손을 잡고 일으키니 그 사람이 일어나 걷고 뛰며 하나님을 찬송하는 능력이 나타났습니다.

두 사람이 구 시 기도 시간에 기도하러 성전에 들어간 것은 그들이 그와 같이 일정하게 규칙적인 기도 생활을 하고 있었다는 것입니다.

이처럼 능력 있는 기도는 자신의 기도의 장소와 시간을 정해 놓고 매일 쉬지 않고 기도하며 영성 훈련을 거듭할 때 생기는 것입니다. 기도 시간에 하나님을 만나고 깊은 영적인 교제를 거듭하면서 기도의 깊이가 더해 가고 믿음이 강화되는 것입니다.

운동선수들이 정해진 매뉴얼에 따라 매일 정해진 장소에서 매일 일정한 시간에 오랫동안 쉬지 않고 체력을 단련하여 능력 있는 선수가 되듯이 기도 역시 매일 일정한 장소에서 일정한 분량의 시간을 쉬지 않고 계속할 때 기도의 근육이 생기고 능력 있는 기도의 사람이 되는 것입니다.

그러므로 예수님은 귀신을 쫓아내지 못하여 당황하며 그 이유를 묻는 제자들에게 "기도 외에 다른 것으로는 이런 종류가 나갈 수 없느니라"(막 9:29)고 말씀하셨습니다.

사랑하는 성도 여러분!
오늘 우리도 매일 일정한 장소와 일정한 기도의 분량을 정해 놓고 규칙적으로 기도할 때 기도의 근육이 생기고 점점 더 깊은 기도의 세계를 경험하고 마침내 능력 있는 기도의 사람이 될 줄 믿습니다.

  기도는 기도로 훈련하는 것입니다. 운동선수들이 코치가 가르쳐준 메뉴얼에 따라 운동기구를 가지고 체력 훈련을 하듯이 우리도 기도학교 교재와 함께 기도 노트나 기도 일기를 사용하며 매일 규칙적으로 기도하는 것입니다.

말씀 기도 ───────────────────────

사랑의 하나님 아버지!
능력 있는 기도의 사람이 되기를 소원합니다. 분명한 목표를 세우고 매일 규칙적으로 기도할 수 있도록 성령의 능력으로 도와주소서. 예수님의 이름으로 기도합니다. 아멘.

찬송하며 기도하라

사도행전 16:16~26

한밤중에 바울과 실라가 기도하고
하나님을 찬송하매 죄수들이 듣더라(행 16:25)

바울과 실라는 선교지에서 기도하는 곳에 가다가 귀신 들린 여자를 만났는데, 그 여자가 여러 날을 따라다니며 소리를 지르면서 전도사역을 방해했습니다. 바울은 더 이상 두고 볼 수 없어서 예수 그리스도의 이름으로 귀신에게 명하여 그 여자에게서 쫓아내었습니다.

그 일로 그 여자의 점을 이용해서 돈을 벌던 주인들이 바울과 실라를 고발하여 두 사람은 잡혀가서 심한 매를 맞고 차꼬에 채워지고 옥에 갇혔습니다. 무슨 죄를 지어서 그런 고초를 당하는 것이 아니라 하나님의 사명을 감당하는 과정에서 일어난 일이기에 몸과 마음이 더 아팠을 것입니다.

억울한 생각이 들고 낙심이 될 만한 상황이었습니다. 그러나 바울과 실라는 한밤중이 되어 맞은 자리가 통증이 심해지고 마음의 고통도 심한 시간임에도 불구하고, 차꼬에 채인 채로 하나님을 바라보고 기도하고 찬송했습니다.

성도가 어려운 일을 당할 때 하나님을 바라보고 기도하는 것은 당연한 일입니다. 그러나 그 상황에서 하나님을 찬송하는 것은 쉬운 일이 아닙니다. 그런데 두 사람은 찬송하며 하나님께 영광을 돌렸습니다.

그때 놀라운 일이 일어났습니다. 갑자기 큰 지진이 일어나고 옥터가 움직이고 옥문이 열리고 죄수들의 결박이 풀어지는 기적이 일어났습니다. 인간의 어떤 힘으로도 제어할 수 없는 하나님의 능력이 나타난 것입니다. 그것은 바울과 실라의 기도와 찬송을 들으신 하나님의 응답이었습니다.

이처럼 하나님께 영광을 돌리는 찬송과 함께 드리는 기도는 사탄의 어떤 결박도 풀고 굳게 닫힌 문도 여는 능력이 있습니다. 주님께서 "구하라 그리하면 너희에게 주실 것이요 찾으라 그리하면 찾아낼 것이요 문을 두드리라 그리하면 너희에게 열릴 것이니"(마 7:7)라고 약속하셨기 때문입니다.

모든 결박을 푸는 것은 찬송의 능력이며, 하늘 문을 여는 것은 기도의 능력입니다. 사울 왕이 악신이 들어 고통스러워할 때 다윗이 수금을 타며 하나님을 찬송할 때 악신이 떠나갔습니다. 엘리야가 하나님의 능력을 믿고 기도할 때 3년 동안 닫혀 있던 하늘 문이 열리면서 장대비가 쏟아졌습니다.

그러므로 찬송과 함께 드리는 기도가 능력 있는 기도입니다. 바울과 실라의 기도와 찬송을 받으신 하나님께서 놀라운 일을 행하셨습니다. 그 놀라운 일은 간수로 하여금 하나님을 두려워하는 마음을 갖게 했으며, 바울이 전하는 복음을 듣고 결신하는 계기가 되었습니다. 그리고 다음 날 간수의 상관으로부터 두 사람을 석방하라는 명령이 내려왔습니다(35절).

사랑하는 성도 여러분!

고난 중에 특히 주님의 일을 하다가 억울한 일을 당할 때, 기도만 하면 원망 섞인 기도가 나오기 쉽습니다. 그러나 고난 중에도 오히려 모든 것을 합력하여 선을 이루시는 하나님을 믿고, 하나님의 선한 역사를 기대하며 찬송할 때 하나님의 영광을 보게 됩니다. 그러기에 찬송은 곡조 붙은 기도라고 합니다.

사도 바울은 훗날 로마의 감옥에 있을 때 빌립보 감옥에서의 그 경험을 생각하면서 빌립보 교회의 성도들에게 편지하여 이렇게 당부했습니다.

"아무 것도 염려하지 말고 다만 모든 일에 기도와 간구로,

바울과 실라의 기도

너희 구할 것을 감사함으로 하나님께 아뢰라"(빌 4:6).

감사가 있는 기도, 찬송이 있는 기도가 하나님을 감동시키
며 응답받는 기도입니다. 고난을 당할 때 바울과 실라와 같
이 오히려 감사하며 찬송하며 기도할 때 주님이 역사하실 줄
믿습니다.

말씀 기도 ─────────────────────────────

사랑의 하나님 아버지!
우리의 찬송 가운데 계시고 우리의 기도에 응답하심을 믿습니다. 하나님의 선
한 역사를 믿으며 감사하고 찬송하며 기도하게 하소서. 예수님의 이름으로 기
도합니다. 아멘

이르시되 아버지여 만일 아버지의 뜻이거든
이 잔을 내게서 옮기시옵소서
그러나 내 원대로 마시옵고 아버지의 원대로 되기를
원하나이다 하시니(눅 22:42).

예수님의 기도를 배우라

누가복음 22:39~44

이르시되 아버지여 만일 아버지의 뜻이거든

이 잔을 내게서 옮기시옵소서

그러나 내 원대로 마시옵고 아버지의 원대로 되기를

원하나이다 하시니(눅 22:42)

예수님은 삶의 모든 부분에서 우리에게 본이 되십니다. 당연히 기도 생활에서도 우리에게 본을 보이셨습니다. 우리는 예수님의 기도 생활을 배워야 합니다.

첫째, 매일의 삶을 기도로 시작하고 기도로 마치셨습니다.

"새벽 아직도 밝기 전에 예수께서 일어나 나가 한적한 곳으로 가사 거기서 기도하시더니"(막 1:35).

새벽기도를 시작하신 분은 예수님이십니다. 하루의 삶을 시작하기 전에 먼저 기도로 준비하신 것입니다.

"무리를 보내신 후에 기도하러 따로 산에 올라가시니라 저물매 거기 혼자 계시더니"(마 14:23).

예수님은 하루의 일과를 마치시고 해가 저물어 가는 시간에 혼자 산에 올라가 기도하심으로써 하루를 마감하신 것입니다. 이런 기도 생활을 성경은 이렇게 기록하고 있습니다.

예수님의 기도를 배우라

"예수께서 나가사 습관을 따라 감람 산에 가시매 제자들도 따라갔더니 그곳에 이르러... 무릎을 꿇고 기도하여"(눅 22:39~41).

예수님은 하루를 시작하는 시간과 하루를 마감하는 시간에 기도하시는 것이 습관처럼 되어 있었다는 것입니다.

둘째, 큰일이든 작은 일이든지 그에 앞서 기도하셨습니다.

"이 때에 예수께서 기도하시러 산으로 가사 밤이 새도록 하나님께 기도하시고, 밝으매 그 제자들을 부르사 그 중에서 열둘을 택하여 사도라 칭하셨으니"(눅 6:12~13).

예수님은 제자들을 선택하시는 중요한 일을 앞두고 그 일을 위해서 먼저 밤이 새도록 기도하신 것입니다.

"예수께서 떡 다섯 개와 물고기 두 마리를 가지사 하늘을 우러러 축사하시고 떼어 제자들에게 주어 무리에게 나누어 주게 하시니"(눅 9:16).

오병이어의 기적을 행하시기 전에도 먼저 하늘을 우러러보시며 감사의 기도를 하신 것입니다.

"돌을 옮겨 놓으니 예수께서 눈을 들어 우러러 보시고 이르시되 아버지여 내 말을 들으신 것을 감사하나이다"(요 11:41).

나사로의 무덤 앞에서도 죽은 나사로를 부르시기 전에 먼저 하나님 아버지께 감사의 기도를 드리신 것입니다.

이처럼 예수님은 모든 일을 앞두고 먼저 기도하셨습니다. 그리고 하나님의 응답을 믿고 감사를 먼저 하셨습니다. 문제가 생긴 후에 기도하고, 응답받은 후에 감사하는 것이 아니라 먼저 기도하고 먼저 감사한 것입니다.

셋째, 하나님의 뜻에 자신을 복종시키는 기도를 하셨습니다.

"이르시되 아버지여 만일 아버지의 뜻이거든 이 잔을 내게서 옮기시옵소서 그러나 내 원대로 마시옵고 아버지의 원대로 되기를 원하나이다 하시니"(눅 22:42).

십자가를 지는 일을 앞에 두고 기도하실 때 하나님 아버지의 뜻에 따르기를 원하신 것입니다.

이처럼 기도란 하나님 앞에 나의 뜻을 관철하고자 하는 것이 아니라 하나님의 뜻에 나를 복종시키는 것입니다. 그때 하나님은 나를 도우시고 그 일을 감당할 힘과 능력을 주십니다.

그러므로 하나님은 예수님의 기도를 들으시고 예수님이 십자가를 지는 그 사명을 능히 감당할 수 있도록 천사를 보내어 예수님께 힘을 더하여 주셨습니다(43절).

예수님은 그 힘으로 더욱 간절히 기도하심으로써 기도의 영적 전쟁에서 승리하셨습니다. 그리하여 십자가를 지는 일도 승리하셨습니다. 우리는 여기서도 기도의 승리가 곧 삶의 현장에서의 승리라는 것을 발견하게 됩니다.

사랑하는 성도 여러분!
하나님의 아들이신 예수님이 매일 기도로 하루를 시작하고, 기도로 사역을 행하시고, 기도로 하루를 마감했다면 우리들은 말할 것도 없습니다. 기도가 우리의 일과 중에 가장 중요한 부분임을 기억해야 합니다.

예수님처럼 항상 먼저 기도하고, 먼저 감사하는 기도를 하고, 내 뜻보다는 하나님의 뜻에 기꺼이 순종해야 합니다. 이렇게 기도할 때 하나님께서 우리의 기도에 힘을 더해 주시고 승리하게 하실 줄 믿습니다.

말씀 기도 ————————————————————————

사랑의 하나님 아버지!
예수님처럼 기도할 수 있기를 소원합니다. 예수님의 기도 생활이 나의 기도 생활이 되게 하여 주소서. 그리하여 예수님처럼 주님의 뜻을 이루며 늘 승리하게 하소서. 예수님의 이름으로 기도합니다. 아멘.

초판 1쇄   2024년 5월 27일

지은이 _ 김성구

펴낸이 _ 김현태

디자인 _ 장창호

펴낸곳 _ 따스한 이야기

등록 _ No. 305-2011-000035

전화 _ 070-8699-8765

팩스 _ 02- 6020-8765

이메일 _ jhyuntae512@hanmail.net

따스한 이야기 페이스북

https://www.facebook.com/touchingstorypublisher
https://www.instagram.com/touchingstory512

따스한 이야기는 출판을 원하는 분들의 좋은 원고를
기다리고 있습니다.

가격 12,000원